失敗から学ぶ[実務講座シリーズ] 03

〈4訂版〉
税理士が見つけた!
# 本当は怖い事業承継の失敗事例 55

TOHOSHOBO

# ［監修の言葉］

　平成30年度改正で自社株納税猶予制度が新たにできました。その大きなメリットは、無税で事業承継ができることです。まさに10年間の自社株バーゲン・セールと言えます。
　その一方で、遺留分減殺請求を受ける可能性がある、公平な財産承継ができない、現経営者は代表取締役を辞任する必要がある（後戻りできない）等のデメリットもあると言われています。
　そこで、この制度をよく考えてみると、現オーナーの父（70歳）から子供（35歳）へ、子供から孫（3歳）へ、と事業が引き継がれればという前提があります。お孫さんは本当に事業を引き継ぐのでしょうか。将来のことは誰にも分かりません。
　父から子供へ、子供から孫へと考えたときに、誰かが事業を止めたとします。その時に、いつか誰かが、その猶予された税金を支払うことになるのです。
　このようなことが若干でも気になるのであれば、大原則に戻り、自社株納税猶予制度にはのらずに従来通りの自社株対策を進めるのも一つと言えるかも知れません。

　また、後継者はいるが、いつ戻ってくるか分からない。優秀な子供であればあるほど大企業勤務にこだわり、中小企業には戻らない

と聞きます。

　優秀でない子供が事業を継いだ場合には、…最悪の場合には会社が潰れて従業員の仕事も無くなります。まさに会社は生き物と言えるでしょう。

　そうであれば将来的にはM&Aも選択肢の一つといえます。
　M&Aをする場合の企業価値の目安はEBITDA（減価償却前営業利益）です。簡単な計算方法は、営業利益＋減価償却費＋役員報酬の合計です。この合計の３年分から５年分がその会社の企業価値だと言われています。ピカピカの優良な不動産などがあればその価値に加算する場合もあります。
　この計算の趣旨はこの会社が生み出す営業キャッシュフローを見ることです。

　自社株納税猶予制度にのるか、従来通りの自社株対策をすすめるか、それともM&Aをするか。オーナーの方たちはまさに大きな分岐点に立っているのです。

　「失敗は成功の基」と言われているように本書の失敗事例から多くのことを学んで頂ければと思います。

平成31年1月
辻・本郷 税理士法人　理事長　徳田 孝司

# [ はじめに ]

　オーナー経営者様から、「事業承継」についていただくご相談の内容は、ここ10～15年ほどで大きく変わってきたと思います。
　一昔前は、親から、後継者である子供に株式を承継する際の税金対策、事業承継にあたって支払う税金を何とか少なくできないか、というご相談が主流でした。
　ところが、最近では、次のような悩みを持つオーナー経営者様が多いようです。

・長い業歴の中で、過去に、創業オーナー等がご家族・ご親族に株式を少しずつ分散し、今では逆にその集約に悩んでいる。
・後継者に株式を承継して権限も委譲したのだが、ここのところ業績が低迷し自分がカムバックしなければと思っている。
・後継者として適任者がおらず、会社をどう承継して良いか悩んでいる。
・後継者に自社株を承継させるとしても、他の子供に承継させる財産をどう手当てして良いか悩んでいる。etc.

　これは、多くの会社で更に次世代への承継が進んでいること、最近の若い世代の仕事に対する価値観、経営者と後継者のコミュニケーション不足…等々、さまざまな理由が考えられるのかも知れま

せん。

　そのような背景の中で、今回の改訂版においては、実際にあった失敗事例から、皆様の会社に役立つのではないか、という事例を追加しました。

　「成功事例」ではなく、敢えて「失敗事例」をご紹介することにより、皆様の会社には、このような過ちをおかさずに、事業承継に成功していただきたいと考えております。

　なお、もちろん、最新の事業承継や資産承継に関する税制についてもご紹介し、複雑な改正が行われている税法の適用を誤らないように、留意事項を挙げております。

　また、そのままご使用できるよう、最新の書式集や税金の速算表・早見表も掲載しました。

　是非、本書がさまざまな「失敗事例」から、事業承継の「成功」を導き出す一助になれば幸いです。

平成31年3月吉日

辻・本郷 税理士法人　　副理事長　木村 信夫
　　　　　　　　　　　専務執行理事　楮原 達也

# 目次

〈4訂版〉 税理士が見つけた!
本当は怖い事業承継の失敗事例55

監修の言葉 ………………………………………………… 2
はじめに …………………………………………………… 4

▶序章　事業承継を考える…………………… 11
〈事例01〉　事業承継を考える ………………………… 12
〈事例02〉　データからみる事業承継 ………………… 18

▶第1章　後継者を選ぶ ……………………… 23
〈事例03〉　誰に事業を引き継がせるか ……………… 24
〈事例04〉　後継者を育てる …………………………… 28
〈事例05〉　後継者への引き継ぎ方 …………………… 34
〈事例06〉　役員への親族外承継 ……………………… 44
〈事例07〉　第三者への承継（M&A） ………………… 48

▶第2章　自社株の評価方法 ………………… 51
〈事例08〉　自社株評価の概要 ………………………… 52
〈事例09〉　原則的評価方式による評価 ……………… 56
〈事例10〉　類似業種比準価額の計算 ………………… 62
〈事例11〉　類似業種の業種判定 ……………………… 66
〈事例12〉　純資産価額の計算 ………………………… 72
〈事例13〉　純資産価額の資産別評価 ………………… 76

〈事例14〉 配当還元価額の計算 ……………………… 80
〈事例15〉 同族株主の判定 ……………………………… 84
〈事例16〉 特定会社の株式の評価 ……………………… 90
〈事例17〉 医療法人出資金の評価方法 ………………… 96
〈事例18〉 持株の放出と配当還元方式の
　　　　　適用可能性について ………………………… 100
〈事例19〉 自社株の低額譲渡 …………………………… 104

▶第3章　自社株対策の具体的方法 …………… 111
〈事例20〉 自社株対策の必要性 ………………………… 112
〈事例21〉 オーナーに対する退職金の支払い ………… 118
〈事例22〉 節税商品導入による失敗事例 ……………… 124
〈事例23〉 資産管理会社の設立 ………………………… 130
〈事例24〉 資産管理会社活用の留意点 ………………… 134
〈事例25〉 従業員持株会の活用 ………………………… 140
〈事例26〉 種類株式等の活用 …………………………… 146
〈事例27〉 投資育成会社による出資 …………………… 152
〈事例28〉 高収益部門の分社化 ………………………… 156
〈事例29〉 会社分割に際しての留意点 ………………… 160
〈事例30〉 グループ会社の合併 ………………………… 164
〈事例31〉 M&A後の合併 ……………………………… 168

〈事例32〉 後継者の会社への収益物件の移転 …… 172
〈事例33〉 株式保有特定会社の場合の影響 …… 178
〈事例34〉 外国子会社の株式評価 …… 184
〈事例35〉 自己信託の活用 …… 188
〈事例36〉 後継ぎ遺贈型の受益者連続信託 …… 193
〈事例37〉 生命保険を活用した遺留分対策 …… 196
〈事例38〉 金庫株の活用による納税資金対策 …… 200
〈事例39〉 非上場株の物納による納税資金対策 …… 206
〈事例40〉 分散株式への対応 …… 212
〈事例41〉 名義株の整理 …… 216
〈事例42〉 事業承継の際の国外転出時課税 …… 220
〈事例43〉 建設業の事業承継 …… 226
〈事例44〉 医療法人の事業承継 …… 234

▶第4章 事業承継税制 …… 241
〈事例45〉 相続税の納税猶予（一般措置） …… 242
〈事例46〉 贈与税の納税猶予（一般措置） …… 246
〈事例47〉 新事業承継税制（特例措置）の概要 …… 250
〈事例48〉 特例承継計画の提出 …… 256
〈事例49〉 譲渡・解散等があった場合 …… 260
〈事例50〉 適用するのが難しいケース …… 265

〈事例51〉 親族から贈与を受けた場合 …………… 270
〈事例52〉 親族外に株式を承継した場合 …………… 276
〈事例53〉 資産管理会社で適用する場合の留意点 …… 280
〈事例54〉 納税猶予制度の適用を誤ってしまった事例 … 286
〈事例55〉 医療法人の出資持分の相続税の納税猶予 … 290

▶第5章　書式集 …………………………………… 297
　［1］　株式譲渡契約書 ………………………… 298
　［2］　株式贈与契約書 ………………………… 299
　［3］　株式譲渡申請書 ………………………… 300
　［4］　株式譲渡承認書 ………………………… 301
　［5］　取締役会議事録 ………………………… 302
　［6］　取引相場のない
　　　　株式評価のための収集資料一覧 ……… 304
　［7(1)］贈与税の速算表 ……………………… 305
　［7(2)］贈与税の早見表 ……………………… 306
　［8(1)］相続税の速算表 ……………………… 307
　［8(2)］相続税の早見表 ……………………… 308
　［9］　従業員持株会規約（例） ……………… 310
　［10］　合併スケジュール（例） ……………… 314
　［11］　特例承継計画（様式第21）及び添付書類 … 316

［12］ 特例承継計画の変更届（様式第24）
  及び添付書類　　　　　　　　　………… 320

  ［13］ 認定申請書（贈与／第一種／様式第7の3）
  及び添付書類　　　　　　　　　… 324

  ［14］ 認定申請書（相続／第一種／様式第8の3）
  及び添付書類　　　　　　　　　… 332

  ［15］ 年次報告書（様式第11）及び添付書類 …… 340

# コラム

〈1〉 事業承継に際してのスタートライン ……… 16
〈2〉 株式と税務調査 ……………………………… 42
〈3〉 未来からの手紙!?
　　 納税猶予制度と「後継者の子供」の関係性 … 82
〈4〉 会社を継ぐのは、男性だけとは限らない … 95
〈5〉 その配当に法人税はかかりませんか？ …… 138
〈6〉 自社株贈与の注意点 ………………………… 144
〈7〉 黄金株の行方 ………………………………… 159
〈8〉 医療法人の事業承継 ………………………… 264
〈9〉 事前準備が大切です ………………………… 269

# 序章

# 事業承継を考える

事例01 事業承継を考える
事例02 データからみる事業承継

事例 01

# 事業承継を考える

　私の父は、製造業を営むＡ社のオーナー経営者です。いわゆるワンマン経営者であり、年齢は60歳になりますが、常に生涯現役を言葉にしており、事業承継のことは一切口にしません。私は息子で専務という肩書きはあるものの経営に関する権限は一切なく、従業員の一部は、会社の将来を心配しているという声も耳にします。また、同業他社の二代目同士でよく会社の株価や相続税の話題があがりますが、実際Ａ社株の株価が今いくらなのか、ましてや父の相続税がいくらになるのかもわからない状況です。さらに、父個人の土地建物がＡ社の本社としての事業用資産になっています。したがって、他の２人の兄弟との遺産分けのバランスについても悩みどころです。当然、父にもそのような話を一切口にすることはできません…。

**失敗のポイント**

①後継者が決まっていない、あるいは意思表示をしていないことは、会社内部の人間だけでなく、外部の取引先等に対しても不安を生じさせる結果となります。

②後継者以外の子供に自社株が承継されてしまうと、後継者である子供は、株主総会における議決権を行使できずに意思決定を行えなくなる可能性があります。

③自社株の評価額が高いと後継者は多額の相続税を負担することになってしまいます。

④自社株は換金性がないことから、後継者は多額の相続税を払えず、これにより会社存続の危機に陥る可能性があります。

⑤後継者以外の子供にも自社株や事業用資産を取得する権利がありますので、遺産争いに発展してしまう可能性があります。

> **正しい対応**
>
> 会社の事業承継については、まずオーナー自身が真摯に考え、取り組む必要があります。
> また、事業承継を考える上では、次のポイントを考えてバランスよく多面的に取り組むべきです。
> ①後継者をどうするのか？
> ②経営権対策をどうするのか？
> ③株価・相続税をどうするのか？
> ④納税資金をどうするのか？
> ⑤争族対策をどうするのか？

[ポイント解説]

事業承継を考える上での大切なポイントは次のとおりです。

### (1) 後継者の選択

「誰に会社を引き継がせるのか？」

まず後継者を決めないことには、事業承継をスタートすることができません。子供など親族へ承継するのか、または会社をよく知る従業員に承継するのか、さらには、第三者へのM&Aを検討するのかを意思決定する必要があります。

### (2) 経営権対策

事業を引き継いだ後継者が安定的に経営をしていくためには、後継者に自社株や事業用資産を集中的に承継させる必要があります。特に自社株は、

会社が意思決定する際の株主総会における議決権に影響しますので、後継者以外の子供がいる場合の遺留分などにも配慮して、いかに後継者に集中させるかが、事業承継を考える上での大きなポイントとなります。

## (3) 株価・相続税

　自社株の評価額が高い場合、後継者は多額の相続税を負担することになる場合があります。将来、相続が発生した場合、自社株や事業用資産にかかる相続税の負担をいかにして軽減させるのかがポイントになります。

## (4) 納税資金

　一般的に中小企業オーナーの財産構成は、自社株や事業用資産が大半を占めており、これらの財産は換金性がないため、どのようにして相続税の納税資金を確保するかがポイントになります。仮にオーナーが金融資産を所有していたとしても、自社株や事業用資産の後継者への集中を考えると、後継者でない子供への配慮もしなければなりませんので、多額の資金が必要になる場合があります。

## (5) 争族対策

　子供の1人を後継者として、自社株などの財産の承継を集中させる場合、後継者でない子供の遺留分を侵害しないよう配慮をし、相続発生後の親族間の財産争いが生じないようにすることがポイントになります。

[事業承継を考える上での5つのポイント]

| 項目 | 事業継承を考える上でのポイント |
|---|---|
| (1) 後継者の選択 | 誰に事業を引き継がせるのか？ |
| (2) 経営権対策 | 後継者の経営権について、いかに集中・安定化させるのか？ |
| (3) 株価・相続税 | 将来、相続が発生した場合、自社株などの会社関連財産にかかる相続税をいかに合法的に圧縮するのか？ |
| (4) 納税資金 | 相続税の納税資金を、いかにして捻出するのか？ |
| (5) 争族対策 | 相続発生後の親族間の財産争いを回避するためには、どうしたらよいのか？ |

column 1

## 事業承継に際してのスタートライン

　近年、事業承継についての問題がクローズアップされ、国による支援も民法特例の創設・事業承継税制の拡充がなされてきています。
　しかし、このような新しい制度を検討する前に、下記の項目を一つひとつ考えていただき、どのような方向が自社の事業承継に最も適しているのか、明確にしておくべきでしょう。

①「いつ」事業承継するか
　現・代表者の方にとって、いつ事業承継するべきかを決定することが、一番に重要な項目です。いずれ、身体的・能力的・社会的・経営感覚的な限界はやってきます。また、それがやってきたとしてもすぐに後継者へ会社を引き渡せるわけではありません。事業承継をソフトランディングさせるため、後継者を補助していく期間も必要かと思います。その時間の制約を先に把握しておくことが重要ですし、ゴールの時期を明確にすることで、対策の方法も変わってきます。

## ②「誰に」事業承継するか

　ここが最も悩ましいところかと思われます。全ての企業に望ましい後継者が必ずいるわけではありませんし、後継者が決定しているわけでもないかと思われます。ご意思として親族内に承継していきたいとお考えの場合もありますし、そのご意思はない、もしくは親族内承継が無理という場合もあります。親族内承継が無理なのであれば、古くからその会社を一緒に経営してきた役員の中に引き継ぎたい方がいらっしゃるかもしれません。それもいないようであれば外部から後継者を募る、もしくは会社ごと売却するなども考慮すべきでしょう。

## ③「何を」承継するか

　会社経営においては、「自社株」とその会社の事業に使用していた「不動産等」が重要な承継資産となります。「自社株」は後継者の方の経営権を確保するために重要な資産ですが、順調な経営を続けている場合評価額が高くなっていて、相続により取得する際に納税資金不足に悩むケースが発生する可能性があります。また「不動産等」も経営に必要な場合が多々ありますので、相続に際してその不動産等を売却しなければ納税資金が確保できないとなれば、以後の会社経営に多大な影響が発生してしまいます。

## ④「どのように」事業承継するか

　①～③の段階を経て具体的な方法の選択を行う方向性が見えてきたかと思います。これに基づき、どのような事業承継方法が経営上、組織上、税制上、スムーズであるか検討する必要があります。

## ⑤「①～③が未確定」

　後継者等が決まっていない場合でも承継しやすい形に変えておく必要はあるかと思います。具体的には、複雑になっている会社組織形態を再編する、少数株主の持株を金庫株で買い取りをし経営の安定化を図っておく、現・代表者と会社との金銭貸借を解消して流動性を持たせておく、などが挙げられます。

　事業承継については会社ごとに望ましい形があるはずです。そこを念頭に置かず、何とかなるだろうと思っているだけでは、後継者に問題を残しているだけです。また、大きな会社ともなれば後継者の問題だけでなく、従業員及びその家族の人生にも関係してくる問題です。なおのこと経営者として先んじて考えておかなければならないことです。

事例 **02**

# データからみる事業承継

　私は町工場を営むT社の経営をしております。T社を創業して40年、妻とともに始めた会社ですが現在は従業員も100人に迫り、技術では有名な会社となりました。
　先日、税理士から念押しのように「社長、本当にそろそろ後継者を決めなければなりませんよ」と言われました。私自身、最近70歳を迎えましたが、私たち夫婦には数年前に嫁いでいった娘が1人だけで後継者もおりませんし、周りの経営者仲間も生涯現役と言っているので、事業承継をあまり真剣に考えておりませんでした。

**失敗のポイント**

　後継者がいないから、周りが事業承継を進めていないからといって、事業承継を先送りにすることは、百害あって一利なしといえます。

　中小企業において、事業承継先は一番に子供が思い浮かぶと思いますが、最近では従業員や第三者に承継していくケースも増えております。事業承継を先送りにしてしまうと、後継者への引き継ぎの期間がしっかりと取れなかったり、自社株以外の事業用資産が会社外部に流出してしまったりと、せっかくこれまで続いた会社が廃業ということにもなりかねません。

**正しい対応**

　親族に後継者候補がいない場合には、早い段階で従業員への承継や外部（M&A）の活用可否について検討すべきでしょう。従業員への承継の場合、親族内承継よりも資金負担が必要になってくるので、直ぐに自社株や事業用資産の承継を実行できない可能性も高くなります。外部（M&A）を活用する場合にも、所謂企業のお見合いですから会社の方針を理解いただける売却先を見つけるには相応の時間が必要となります。早め早めの対策検討が肝要といえます。

[ポイント解説]

序章

　現在、中小企業経営者の高齢化が進んでおり、今後10年間の間に70歳（平均引退年齢）を超える中小企業の経営者は約245万人になります。事業承継は一朝一夕には解決しないので、仮に平均引退年齢で事業を引き継ぐとすれば、遅くとも3年前には着手すべきといえます。

## (1) 経営者の年齢分布と平均引退年齢について

　下図1及び2のように、経営者の年齢分布で一番多い年齢は約20歳上昇し、平均引退年齢は小規模企業で70歳を超えて、中規模企業でも70歳に迫る年齢となっております。

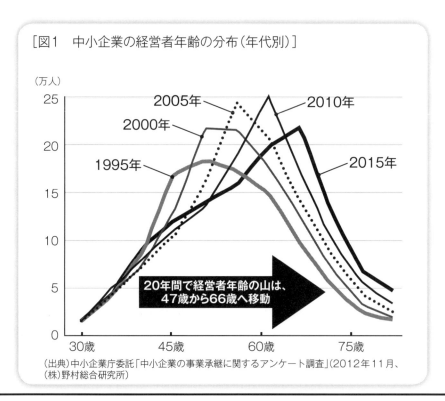

[図1　中小企業の経営者年齢の分布（年代別）]

（出典）中小企業庁委託「中小企業の事業承継に関するアンケート調査」（2012年11月、（株）野村総合研究所）

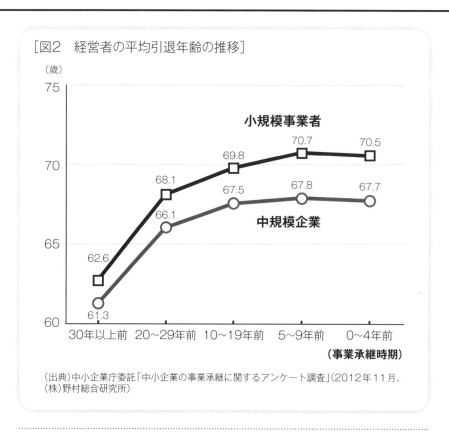

（出典）中小企業庁委託「中小企業の事業承継に関するアンケート調査」(2012年11月、(株)野村総合研究所)

## (2) 承継方法の形態別推移

下図にあるように、親族内承継が未だ最多であるものの、その割合は年々減少傾向にあるといえます。自社にはどの方法が合うか、経営者は常に検討すべきでしょう。

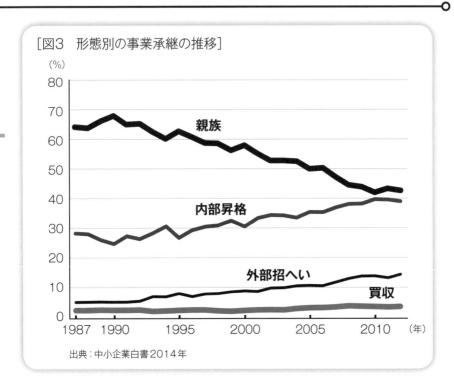

[図3　形態別の事業承継の推移]

出典：中小企業白書2014年

　親族内に後継者がいる場合でも、後継者が承継を拒む場合もあります。現経営者はより柔軟な判断で、事業の継続と承継方法の検討を行うべきでしょう。

# 第1章

# 後継者を選ぶ

事例03　誰に事業を引き継がせるか
事例04　後継者を育てる
事例05　後継者への引き継ぎ方
事例06　役員への親族外承継
事例07　第三者への承継（M&A）

事例 03

## 誰に事業を引き継がせるか

私は、不動産業を営むB社の経営者です。しかし、私には子供がいません。また、他の親族内にも後継者に適した人物がいないため、外資系企業へのM&Aを検討しています。

**失敗のポイント**

外資系企業へのM&Aの噂が会社内部で従業員にもれ伝わり、自分たちの雇用が継続されるのか、あるいは雇用が継続されても勤務体制がどうなるのかなど、社内が不安につつまれてバラバラになりかけています。

> **正しい対応**
> 企業の実態にもよりますが、例えば、会社の事情に明るく安心感がある役員または従業員への承継（MBOまたはLBO）であれば、社内に安心感が広がる可能性があります。

［ポイント解説］

　次世代の経営者となる後継者を決めるためには、内部・外部を問わず、経営者として誰が最もふさわしいのかという最高レベルの経営判断が必要です。なお、事業の承継パターンとしては次のケースが考えられます。

## (1) 子供などへの親族内承継

　オーナーが後継者の候補として第一に考えるのは、多くの場合は親族であり、親族の中でも子供が中心になります。この場合、考慮すべきこととして重要なポイントは、「本人に本気で継ぐ気があるか」と「経営者に向いているか」です。子供にそれらがない場合には、他の親族を後継者とすることも考えられます。また、子供が複数いる場合には、後継者以外の子供に対して、自社株や事業用資産以外の財産を承継させるなど、子供の間のバランスを取る配慮が必要になります。後継者を１人に絞れない場合には、会社を分社化することも一つの選択肢です。

## (2) 従業員などへの親族外承継（MBO・LBO）

　親族内に後継者としての適任者がいない場合には、その会社の事情に明

るく安心感がある、例えば従業員の中でも番頭格の人に承継させるというのも一つの方法です。今まで会社をともに運営してきた実績があるため、スムーズに業務を進められます。この場合のポイントは、「役員・従業員、取引先など利害関係者の了承が得られるか」、そして、従業員などへの承継は、MBO・LBOなどの方法により会社の所有権を譲ることになるため、「経営権としての自社株を引き受ける資力があるか」になります。

※ MBO：Management Buyout　　経営陣による買収
　　LBO：Leveraged Buyout　　被買収会社の資産等を担保として調達した資金を元手に行う買収

### (3) 第三者への承継（M&A）

親族内や従業員などにも後継者がいないとしても、従業員の雇用維持や取引先の仕事確保を考えると、事業を廃止するわけにはいきません。この場合、M&A（合併と買収）の方法により、会社を外部へ売却して第三者に経営してもらうのも一つの選択肢です。オーナーは、会社経営の悩みから解放され、売却代金をもとに悠々自適な生活を送ることができます。この場合のポイントは、「買い手が見つかるか」、「価格に折り合いがつくか」、さらには、「従業員の雇用が継続されるのか」といったところになります。

事前に株価や事業の評価を行い、自分の会社の価値を知っておくとよいでしょう。

[会社を誰に継がせるかのポイント]

**オーナー**

最高レベルの
経営判断が必要

### 親族内承継（子供）
・本人に継ぐ気があるか
・経営者に向いているか
・子供が複数いる場合には
　どうするか

### 親族外承継（番頭格）
・会社の事情に
　明るく安心感があるか
・利害関係者の
　了承が得られるか
・株式を引き受ける
　資力があるか

### M&A（第三者）
・買い手が見つかるか
・価格に折り合いがつくか
・従業員の雇用が
　継続されるのか

事例 04

# 後継者を育てる

　私は、サービス業を営むC社のオーナー経営者です。そろそろ事業承継を考え、私の長男にC社を継がせるため、上場企業で管理職として働いていたところを当社へ呼び寄せ、専務取締役として経営の一部を任せることにしました。サービス業は未経験の長男ではありますが、上場企業での管理職の経験を活かし、リーダーシップを発揮してもらいたいと思っていました。しかし、C社の生え抜きの役員や従業員とも折り合いが悪く、うまくいっていないような感じがしています。

**失敗のポイント**

　上場企業と中小企業とでは規模や業務内容が違います。まして他業種での経験では、自社の業務を全く知らないこともあり従業員からの信頼を得ることも難しいでしょう。

> **正しい対応**
>
> 中小企業においては、会社の業務の全てを把握しなければなりません。社内で育てるにしろ、社外で育てるにしろ、同業種であるサービス業での経験を積んだ上で、次に後継者としての教育を行い、経営者としての能力や自覚を築き上げる必要があります。

［ポイント解説］

　後継者を決定したら、次に後継者としての教育を行い経営者としての能力や自覚を築き上げなければなりません。後継者教育をする上でのポイントは次のとおりです。

**(1) 後継者を社内で育てるか、社外で育てるか**

**①社内で育てる**

　一般的に、社内で後継者を育てるのは難しいといわれています。身内ということで甘やかしてしまったり、逆に厳しくしすぎてしまうからです。また、将来社長になることがわかっている社長の子供に対して、厳しく指導できる従業員はほとんどいません。社内が混乱する原因となるので避けるべきでしょう。

　ただし、社外で人に使われる立場にあっては習得できない知識や経験を積むために、自社内で社長の背中を見ながらマネジメントを覚えることが効果的な場合もあります。

②社外で育てる

　社外で育てるなら厳しいといわれている会社、そして、自社と同規模の会社が望ましいといえます。それは、大企業と中小企業とでは、組織における個人の役割が全く異なるからです。自社と同規模の会社であれば後継者にとっては将来のためにとてもよい勉強になります。

　ただし、このような条件の会社であっても、関連会社や取引先等の会社は避けるべきです。ちやほやされて調子に乗り、勘違いされてしまっては取り返しがつきません。

③社長の背中を見せて育てる

　社長業の辛い側面ばかりを見せてはいないでしょうか。楽しい側面、やりがいのある仕事だという側面を小さいうちから見せておくことが、後継者教育の第一歩です。

## (2)後継者に必要な資質

①カリスマ性

　確固たる経営理念を抱き、それを言葉で伝えることができるかどうかです。

②マネジメント能力

　従業員のマネジメントができることが必要になってきます。社長は、いかに自分自身が動かないで済むかを考えなければなりません。ただし、自分では動かず楽をすることばかり考えることとは違います。

③リスクマネジメント能力

　経営者は危険を察知できる能力が必要です。その危険に対して適切な対応ができることもまた必要です。企業には様々なリスクが潜んでいます。

④交渉力

　営業交渉などの外部に対する交渉から始まり、社内交渉など、社長にはあらゆる場面で交渉力が必要になります。円滑な人間関係が作れる能力は

不可欠です。

### (3)オーナーの役割
#### ①後継者の選定は早い方がうまくいくことが多い
　経営者は仕入・製造・販売といった商売以外にも、人事労務・税務会計などの管理業務に至るまで、幅広い知識と経験が要求されます。また、会社業務の全体像を把握するためには、会社の各部署を経験することも必要でしょう。したがって、できるだけ早く後継者を決めて後継者教育を行うことが必要です。
　また、後継者を選ぶ決断がなかなかできず、決断を先延ばしにしたことによって、後継者争いで社内が二分してしまい、会社が衰退してしまうケースもあるので注意が必要です。

#### ②後継者には教育係（メンター）をつける
　後継者には教育係をつけ、早い時期から仕事に関する考え方や経営者としての見方を学ばせることが望ましいでしょう。後継者が自ら教育係をつけることは考えにくいので、現経営者が教育係をつけてあげるといいでしょう。また、後継者と幹部社員との人間関係を良好に保つことは最大の難題といえますが、幹部社員を後継者の教育係にすることで人間関係がうまくいくことが往々にしてあります。

### (4)後継者がするべきこと
#### ①総合的な人間力を磨く
　後継者は高学歴の人が多く、一般教養については身につけている人が多いと考えられますが、経営には何よりも人間力が要求されます。人間力には思いやり、誠実性、包容力、行動力、統率力、忍耐力、決断力、創造力、バイタリティ、礼儀作法など、数値化できない様々なものがあります。人間力は、人間的魅力とも言い換えられるでしょう。

②**先代オーナーの苦労を知る**
　先代オーナーの苦労を知り、そのおかげで今の自分があることを知ることが大切です。また、先代オーナーと苦労をともにしてきた社員たちを尊敬する気持ちを決して忘れてはいけません。

③**経営者は孤独、外部セミナーなどで経営者仲間を作る**
　同じ立場の後継者仲間を作り、悩みを相談したり、社長の心得などについてのアドバイスをもらえるような環境を作りましょう。たとえ問題が解決されなかったとしても、同じように悩んでいる仲間がいるということを知ること自体が、孤独感を和らげてくれます。そのためには、勉強会や懇親会などの集まりに積極的に参加するとよいでしょう。

[社内・社外における教育の例]

(1) "社内"における教育の例

教育　　　　　　　　　　　　　　効果

① **各部門をローテーションさせる** → **経験と知識の習得**

各部門（営業・財務・労務等）をローテーションさせることにより、会社全般の経験と必要な知識を習得させる。

② **責任ある地位に就ける** → **経営に対する自覚が生まれる**

役員等の責任ある地位に就けて権限を移譲し、重要な意思決定やリーダーシップを発揮する機会を与える。

③ **現経営者による指導** → **経営理念の引き継ぎ**

現経営者の指導により経営上のノウハウ、業界事情にとどまらず、経営理念を承継させる。

(2) "社外"における教育の例

教育　　　　　　　　　　　　　　効果

① **他社での勤務を経験させる** → **人脈の形成・新しい経営手法の習得**

人脈の形成や新しい経営手法の習得ができ、従来の枠にとらわれず、新しいアイデアを獲得させる。

② **子会社、関連会社等の運営を任せる** → **責任感の醸成・資質の確認**

後継者に一定程度実力が備わった段階で、子会社・関連会社等の運営を任せることにより、経営者としての責任感を植えつけるとともに、資質を確認する。

③ **セミナー等の活用** → **知識の習得、幅広い視野を育成**

後継者を対象とした外部機関によるセミナーがある。経営者に必要とされる知識全般を習得でき、後継者を自社内に置きつつ、幅広い視野を育成することができる。

〔中小企業庁『経営者のための事業承継マニュアル』（平成29年3月）を改変〕

事例 05

# 後継者への引き継ぎ方

　私は、小売業を営むD社のオーナー経営者でしたが、そろそろ代表の座の引き際と考え、かねてからD社の常務取締役として頑張ってもらっていた息子へバトンタッチを行いました。しかし、息子は代表者になった途端に新しいことをやりたがり自分独自に会社を作り上げようとしています。また自社株の移転は私の相続のときでよいと考えています。

失敗の
ポイント

　いきなり後継者に代表権の全権を移譲してしまうと、結果として、社内や社外に混乱を生む原因となります。また、自社株を相続のときまで保有していると優良な会社ほど高額になって多額の相続税がかかってしまうことがあります。

> **正しい対応**
>
> 先代社長と後継者が併走できる期間を設けることで、社内外の混乱を避けることができます。また、自社株の移転については、代表者への退職金の支払いのときなど、なるべく株価の低い時期に適切な方法で移転し、無用な税金は支払わないように対応しましょう。

[ポイント解説]

　子供など後継者へのバトンタッチの過程には、「代表の座の移転」と「自社株などの所有権の移転」があります。そのうち自社株などの所有権の移し方については（イ）生前贈与、（ロ）親子間売買、（ハ）相続があります。この移し方によってかかる税金が変わってきますので、できるだけ早めの検討と対策が必要になります。

### (1) 代表の座の移転

#### ①いきなり全権を移譲すると混乱の原因

　「代表の座の移転」とは、すなわち代表取締役としての地位を移転することですが、基本的に新しい経営者は新しいことをやりたがり、自分の独自色を出そうとするものです。したがって、いきなり全権を移譲すると、社内外に混乱を生む原因となってしまいます。

#### ②先代社長と後継者が併走できる期間が必要

　社内外の混乱を避けるためには、先代社長と後継者が併走できる期間を

設けることが必要です。先代社長がフォローすることにより、代が替わっても、社員は安心して働き続けることができ、取引先も安心して付き合いを続けることができます。

　そのためには、なるべく早く事業承継を行うことが必要です。先代が高齢になり機動的に動けなくなってからの事業承継では、しっかりとしたフォローができません。また、事業承継を行わないうちに、社長が認知症を発症してしまった場合には、重要な業務がストップし、最悪の場合は廃業へと追い込まれる可能性も出てきてしまいます。

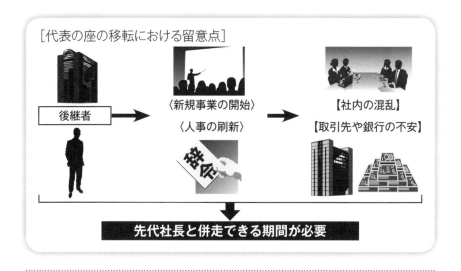

## (2) 自社株などの所有権の移転

### ①知っておかなければならない"税金"のこと

　事業承継のためには、税金のことも知っておかなければなりません。優良な非上場会社の株式評価額は、思っている以上に高額となっていて、相続税が高いことが想定されます。相続税の最高税率が55％であることから、"相続が3代続くと財産が無くなる"とまでいわれています。しかし、これは生前に何も対策を行わなかった場合であり、早めの対策を行うことで、

財産をより多く残すことが可能になります。相続税が原因で会社を潰さないためにも、早めの対策を行いましょう。

その対策の一つとして、後継者に自社株や事業用資産の所有権を移転する方法があります。その移し方は、主に以下の3つの方法があり、それぞれ課される税金の種類が異なります。

(イ)生前贈与………贈与税がかかる(税率10%〜55%)

(ロ)親子間売買……譲渡所得税・住民税がかかる(原則税率20%)

(ハ)相続……………相続税がかかる(税率10%〜55%)

② **自社株の移し方のポイント**

(イ)生前贈与、(ロ)親子間売買、(ハ)相続における自社株の移し方を考える上でのポイントは次のとおりです。

(イ)生前贈与

贈与は、"相続税の負担"と"贈与税の負担"とのバランスを考えて実行する必要があります。また、生前贈与には、(ⅰ)暦年課税制度と、(ⅱ)相続時精算課税制度による贈与の方法があります。事業承継を考えた場合、将来値上がりが予想される自社株については、相続時精算課税制度を活用すると、税金上の効果が大きく得られるケースがあります。

なお、生前贈与は、特別受益として遺留分減殺請求の対象になりますので、後継者以外の子供に対しては、他の財産を手当てするなどの配慮が必要です。

[暦年課税制度と相続時精算課税制度の比較]

| 項目 | | (i)暦年課税制度 | (ii)相続時精算課税制度 |
|---|---|---|---|
| 適用対象者 | 贈与者 | 制限なし | 60歳以上の親または祖父母（その年の1月1日現在） |
| | 受贈者 | | 20歳以上の子または孫（その年の1月1日現在） |
| 非課税枠 | | 年間110万円 | 一生涯で2,500万円 |
| 税率 | | 非課税枠を超えた金額に対して10～55%（超過累進税率） | 非課税枠を超えた金額に対して一律20% |
| 申告 | | 贈与税額がある場合には申告が必要 | 必ず届出及び申告が必要 |
| 相続税との関係 | | 相続開始前3年以内に贈与したものに限り相続財産と合算 | 全て相続財産と合算 |
| 相続時に加算される価額 | | 贈与時の時価（相続税評価額） | |
| 継続適用 | | | 一度選択したらその後、その贈与者からの贈与については相続時精算課税制度が継続して適用されます（以後暦年課税制度の適用不可） |

[生前贈与のメリット・デメリット]

| メリット | 後継者は贈与税の資金調達だけで済みます。 |
|---|---|
| デメリット | 生前贈与は特別受益として遺留分減殺請求の対象となります。 |

（ロ）親子間売買

　　親子間売買は、適正価額で行われれば、生前贈与のように遺留分減殺請求の対象にはなりませんので、その意味での親族間の争いは避けることができます。

しかし、売買である以上、購入資金が必要となります。親子間での売買の場合には、相続税評価額で売買するケースが多く、その場合、後継者に相続税評価額相当の手持ち資金があれば問題ありませんが、手持ち資金がない場合には、その資金を調達しなければなりません。

また、売却側であるオーナーにとっては、取得価額よりも売却価額が大きい場合には、売却益に対して原則として20％の譲渡税（所得税15％・住民税５％、復興特別所得税は考慮せず）がかかります。

[親子間売買のメリット・デメリット]

| | |
|---|---|
| メリット | 適正価額での売買であれば、遺留分減殺請求の対象となりません。 |
| デメリット | 後継者は、株式の購入代金について資金調達をしなければなりません。 |

(ハ)相続

相続での取得の場合、遺言書などで後継者に自社株や事業用資産を相続させる旨を決めておかない限り、遺産分割協議が必要となり、後継者以外の相続人にもそれらの資産を取得する権利が生じてしまいます。したがって、この場合には、遺留分を考慮した上で、遺言書を作成することをおすすめします。

なお、相続税の税率は、最高55％の超過累進税率になりますので、ご自身の相続税をきちんと認識した上で、生前贈与、親子間売買、または相続のいずれの方法が、税金上有利なのかを把握しておく必要があります。

[相続のメリット・デメリット]

| | |
|---|---|
| メリット | 遺産総額が相続税の基礎控除額以下であれば、税負担なく取得できます。 |
| デメリット | ・遺言がなければ、遺産分割協議成立まで株主が確定しませんので、株主総会の運営に支障をきたす可能性があります。<br>・遺言がなければ、経営に関与していない相続人に株式が分散し、後継者が安定した経営権を確保できない可能性があります。<br>・相続が開始した日の直前期の決算数値をもとにして株価を計算しますので、直前期の業績がよかった場合には、株価が高く計算され、相続税の負担が重くなる可能性があります。 |

③自社株の評価額が一番低いときに移すのがポイント

　自社株の評価額は、そのときの会社の業績や過去の利益の蓄積(純資産価額)によって大きく左右されます。つまり、移転する時期によって評価額が大きく異なりますので、評価額がなるべく低い時期に移すのがポイントとなります。例えば、オーナーの引退に伴い退職金を支給する場合には、退職金相当額の利益が圧縮されるため、通常株価は低くなり、自社株を後継者に移す絶好のチャンスといえます。

④納税資金を考えた対策

　もう一つのポイントは、将来オーナーに万一のことがあった場合に、相続税を支払えるかどうかです。相続税は、原則として現金で一括納付をしなければなりません。自社株については、一般的に換金性がないことから、相続税の納税資金をどのように捻出するかがポイントになります。納税資金が不足する場合、会社が自社株を買い取ることや、物納や延納なども視野に入れて考えなければなりません。納税資金の捻出方法に関しては、事例38・39の「納税資金対策」をご参照ください。

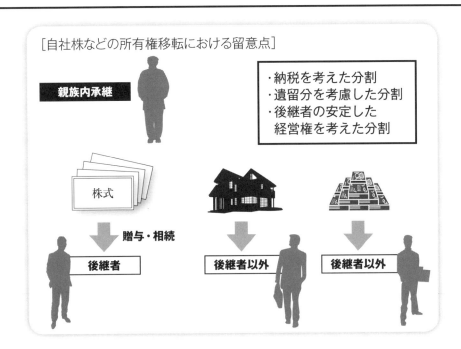

### (3)オーナーと後継者の事業承継におけるギャップの解消

　事業承継を円滑に行おうと思っても、些細なことでオーナーの意見と後継者の意見とがぶつかってしまい、承継が進まないケースがよくあります。そうなってしまっては本末転倒ですので、そのギャップの解消方法を検討してみます。

#### ①オーナーから見た事業承継、後継者から見た事業承継

【オーナー側の意見】

　　○自分が築き上げてきたものを任せるにはまだまだ不安である。

　　○自分と同じような苦労をしていないのに、口ばかり達者で生意気である。

【後継者側の意見】

　　○既に別の会社でサラリーマンをしており、社長になりたくない。

　　○社長として会社を経営していく自信がない。

○引退しても先代が口うるさそうで面倒である。

②ギャップを埋めるためには？

【オーナー側に求められること】

○スムーズな事業承継のための環境を作る。

・会社の未解決問題をそのままにしない（大きな借金の存在などは明らかにしておく）。

・兄弟姉妹、親族争いの火種を消しきる。

○うるさく口は出さないが、目は離さず、必要なときは助言する。

【後継者側に求められること】

○独自色を出すことに固執せず、先代が作り上げてきたものに敬意を表する。

○1人で突っ走らず、重要な問題は先代に相談する。

オーナーと後継者がともに、
それぞれの役割の違いを認識し、
お互いを尊重し合うことが重要!!

## 株式と税務調査

最近の相続税の税務調査の多くは被相続人と相続人間をめぐる生前の財産移動についてその真否を問うということに主眼がおかれています。

特に会社経営されていた方の相続の調査は、その会社の株式の移動をめぐっての調査にポイントが置かれます。何故でしょうか？
　未上場の会社の多くは、①株券が未発行　②株主台帳が未作成　③株主名簿も未作成というように、株式の移動については、きちんとした記録をとっていません。
　会社に保存してある株主関係の資料といえば、法人税の申告書の別表二に記載された株主欄の氏名と株式数、配当の支払調書等、法人税に関係があるものだけというところが多く、それも設立からお亡くなりになった事業年度まで全部保存してあるという会社はあまりありません。
　反対に移転を受けた株主側に、贈与税の申告書、贈与契約書、譲渡所得税の申告書、売買契約書等、移転を立証する資料が全部そろっているケースもまたなかなかありません。
　創業数十年といった長い歴史を経ての相続発生となればしかたがないことかもしれませんが、証拠書類の添付がない申告書を収受した税務署も、真の株主が誰か確かめなければならず、調査にやってくるわけです。それでは上記に掲げた資料さえも見つからなかった場合、税務署はどうやって、真の株主を見つけることになるのでしょうか？
　この場合には、生前、被相続人からの贈与や売買で株主となった相続人本人に株式について事情聴取をして確かめることになります。

　　・株券はもらっていたか？
　　・どうやって株式を取得したか？
　　・配当はもらっていたか？
　　・配当はどのような方法でもらっていたか？
　　・株主総会は開催されていたか？
　　・株主総会の招集通知はもらっていたか？
　　・増資について記憶があるか？
　　・増資の引き受けをしたことがあるか？

　贈与や売買の手続きは一切被相続人が行っていて、移転を受けた相続人は詳細を何も知らないままでいるケースがよくあります。このようなケースで上記のような質問を受けた相続人は果たして答えられるでしょうか？　株式の移転をする際は、必ず移転を受ける本人へ説明する、配当を支払った際には必ず本人に配当金を手渡す、株主総会にもきちんと出席させるといったように、常日頃、株主としての自覚をもってもらうことが重要です。

事例 06

# 役員への親族外承継

第1章

　Aさんは33歳で特殊印刷業を起業し、今年で創業40年となりました。創業当初は苦しい時期もありましたが、取引先や従業員にも恵まれ、その後は順調に業績を伸ばしてきました。

　Aさん夫妻には子供がいなかったこともあり、外部企業とのM&Aにて大手企業の傘下に入ることも検討しましたが、社内の幹部からは今後も独立路線で営業していきたいとの強い要望があり社内から後継者を抜擢することを考えるようになりました。

　幸い社内に有望な役員がいたことから、従業員や他の役員からも人望が厚いBさんを後継者とすることを決断しました。生え抜き社員が社長になることから従業員の士気もあがっていました。

　しかし、後継者Bさんが、現社長であるAさんから株式を買い取る際の資金調達の目処が立たないことが判明し、結果的にBさんへの事業承継を断念することになってしまいました。

**失敗のポイント**

　後継者である役員Bさんが安定的な経営を行うためには、最低でも過半数、できれば全株式を取得することが重要です。そのためには取得のための資金をどう用意するかがポイントです。

　後継者が自己資金でオーナーの株式を買い取ることは通常困難です。

　そのため、買取資金の調達は金融機関からの借り入れに頼ることになりますが、事業承継のためとはいえ、個人が株式購入資金として資金調達するのはハードルが高いのが実情です。

**正しい対応**

　後継者の資金調達には、金融機関の協力が不可欠です。後継者個人での借り入れが難しいケースでは、後継者が出資した持株会社が資金調達を行うこともあります。いずれにしても、後継者候補が決まった段階で、なるべく早くに、退職金支給予定額や株式売買に伴う必要見込み額を相談することが重要です。

　また、法人に金融機関からの借り入れがある場合には、個人保証の承継についても事前に調整が必要となります。

〈事例06〉役員への親族外承継

[ポイント解説]

　オーナーが事業承継を検討するにあたっては、誰を後継者にするか？という問題のほかに、どうやって株式（議決権）を承継するか？　ということも同時に考えなくてはいけません。

　株式の承継方法としては、①生前贈与、②相続のタイミングで遺贈、③生前に売買、が考えられます。ただし、いくら事業を承継させる後継者に対してであっても株式をタダで渡すことはなかなかありませんし、譲り受けた後継者も贈与税・相続税の手当てを別途考えなくてはならなくなります。

　そのため、親族外の役員へ事業を承継する場合には、一般的に③生前に売買の方法が取られます。

　オーナーの中には、相応の役員退職慰労金を受け取れば株式の売却代金にはこだわらず、後継者のためにもできるだけ安い金額で譲渡したいと考える方もいますが、この場合は、適正価額より安い価額で買い取った後継者側に「低額譲受け」として贈与税の問題があります。

　親族外の後継者に対してであっても、株式の譲渡にあたっては適正価額で行わない場合には税務上問題が生じる可能性があります。

　税務上の適正価額は、買い手が後継者個人なのか、後継者が出資する持株会社なのか、によっても異なります。また役員退職慰労金を、いつ、いくら払うのかによっても異なります。さらに、資金調達に伴い金融機関へ支払う金利の取り扱いも異なります。後継者個人が負担する金利は毎年の確定申告上何も考慮されませんが、持株会社が負担する金利は持株会社側で費用化できます。

　誰にどのタイミングで株式を承継させるかの検討にあたっては、同時に適正株価の算定も行い、資金調達について早めに金融機関へ相談すること

が重要です。

　その際、個人保証の承継についても同時に確認が必要です。金融機関から了承を得られるか否かも重要ですが、個人保証について後継者自身の考えも事前に確認をしておく必要があります。経営は是非承継したいが、個人保証の引き継ぎをためらう後継者が多いのも事実なのです。

　資金調達と後継者の個人保証承継がうまくいかない場合、M&Aが再度有力な事業承継手段の候補となってきます。

［親族外承継では事前確認が特に重要！］

- 退職金支払いと株式承継に伴う資金調達
- 個人保証の承継

事例 07

# 第三者への承継（M&A）

　私は、製造業を営む60代の経営者です。これまで業績も好調に推移しており、優良な取引先を持っていることから、業界大手の会社からM&A（株式買い取り）の話を持ちかけられてきました。

　私には30代の一人息子がおり、ゆくゆくは私の会社を継がせようと思っておりました。息子は大手商社に新卒で入社し働いておりましたが、息子を説得したところ会社を継ぐ気になってくれたため、当社の取締役として入社させて後継者として育成してきました。

　しかし、元々大企業で働いていたことがあるためか息子自身も理想と現実のギャップに悩み、また現場を経験していない息子が言うことに反発するなど社員もなかなかついてきません。

　そうこうしているうちに、当社を取り巻く状況が悪化してきました。海外メーカーの台頭などにより市場規模は縮小し、生き残りをかけた競争が激しくなってきました。従業員の雇用を守るため、以前は断ったM&Aの話を今度はこちらから持ち

かけてみました。

**失敗のポイント**
親族内承継にこだわりすぎたため、後継者候補の経営者としての能力や事業の将来性を見極めることができず、M&Aによる会社の売却価格が以前と比べて低いものとなってしまいました。

**正しい対応**
親族だから、という理由のみで後継者を決めるのではなく、経営者としての能力を冷静に見極めることが大切です。
　また、事業の将来性や自社を取り巻く業界の動向を常に注視しておく必要があります。

［ポイント解説］

　M&Aにおける会社の売却価格（企業価値評価）については、自社の過去の業績だけではなく、「事業の将来性」が大きく影響してきます。
　自社を取り巻く環境がどうであれ、これまで好業績であったためいつで

も高く売れる、と思っていると、「売り時」を逃してしまうことがあります。
　後継者候補を選んだからといって安心するのではなく、常に冷静な目で後継者候補の能力、業界の動向などを見極めることが重要です。

［中小企業のM&Aにおける企業価値評価の一般例］

時価純資産 ＋ 利益の３～５年分程度

または

キャッシュフロー × 約７～８倍

「事業の将来性」がポイントとなる。

# 第2章
# 自社株の評価方法

- 事例08　自社株評価の概要
- 事例09　原則的評価方式による評価
- 事例10　類似業種比準価額の計算
- 事例11　類似業種の業種判定
- 事例12　純資産価額の計算
- 事例13　純資産価額の資産別評価
- 事例14　配当還元価額の計算
- 事例15　同族株主の判定
- 事例16　特定会社の株式の評価
- 事例17　医療法人出資金の評価方法
- 事例18　持株の放出と配当還元方式の適用可能性について
- 事例19　自社株の低額譲渡

事例 08

# 自社株評価の概要

　私は兄弟で会社を経営しており、その株式を兄弟で半分ずつ所有しています。この度、兄が会社の経営から退くこととなったので、兄から株式を買い取ることになりました。買取価額は兄と長年経営してきたことや、兄弟であるということから配当還元価額でよいと兄から提案があったので配当還元価額による買い取りを予定しています。

**失敗のポイント ✗**

　兄と弟といった同族関係にある間での売買価額は税務上、原則的評価方式により計算した金額が基準となります。

> 正しい対応
>
> 株式の評価方法は、同族間の相続や贈与に適用される評価方法と少数株主に適用される評価方法とで異なります。それぞれの評価方法を理解することが大切です。

[ポイント解説]

## (1) 同族間の相続や贈与に適用される評価方法

　会社を支配している同族株主が、相続や贈与により取得する株式については、原則的評価方式が適用されます。この場合、「純資産価額方式」、「類似業種比準価額方式」または2つの折衷方式により評価します。

**純資産価額方式**
会社の資産の額から負債の額を控除した純資産価額を自社株の価値（清算価値）とする方法です。

**類似業種比準価額方式**
類似する事業を営む上場会社の株価に、配当・利益・純資産の3要素を比準して自社株を評価する方法です。

⇒ **原則的評価方式**

## (2) 少数株主に適用される評価方法

　少数株主や同族でない株主は、支配権を行使することがその保有目的ではなく、配当の受け取りを目的とすることから、例外的評価方式である「配当還元方式」により、その株価を評価します。

| 配当還元方式 | 例外的評価方式 |
|---|---|

配当金額を一定の利率（10％）で還元した価額を自社株の価値とする方法です。

## (3) 具体例

　このケースの株価は次のようになっています。

```
＜原則的評価方式＞
　純資産価額　　　　　　　1株10,000円
　類似業種比準価額　　　　1株3,000円

＜例外的評価方式＞
　配当還元価額　　　　　　1株500円
```

　以下の①から③の場合に、贈与、売買の際の株価は、どのようになるのでしょうか。

### ① 社長から後継者である長男へ贈与する場合

　社長が後継者である長男へ自社株を贈与する場合の株価は、同族間の贈与であることから、原則的評価方式、すなわち「純資産価額方式」1株10,000円、「類似業種比準価額方式」1株3,000円または2つの方式の折衷方式により評価します。

### ② 会長である兄の株を社長である弟が買い取る場合

会長である兄の株を社長である弟が買い取る場合の株価も、同族間の取引であることから、①の場合と同様に原則的評価方式により、評価します。

### ③ 社長の株式を従業員持株会へ売却する場合

　社長の株式を従業員や従業員持株会へ売却する場合の株価は、少数株主や同族でない株主との取引になることから、例外的評価方式である「配当還元方式」1株500円により評価します。

　他方、従業員の株を社長が買い取る場合には、原則的評価方式により評価した金額で行うことになります。

事例 09

# 原則的評価方式による評価

私は会社を経営しており、この度息子に株式の売却をしようと思っています。私の会社は売り上げも従業員も同業他社と比べ多い方であるので大会社であると思っています。大会社である場合の評価は類似業種比準価額によると聞いたので類似業種比準価額により売却価額を算定しました。

**失敗のポイント**

顧問税理士より、自社株の評価にあたっては、会社の規模や特定の会社に該当するかどうかの判定をする必要がある旨の指摘を受けました。会社規模は同業他社と比べて売り上げや従業員数が多いだけでは大会社とならず、売り上げや従業員数が一定の数以上となっていなければなりません。また、特定の会社に該当する場合には原則として純資産価額により評価することとなります。

> 株価を算定する場合には自社の会社規模の把握や特定の会社に該当するかどうかの判定をする必要があります。

（正しい対応）

［ポイント解説］

原則的評価方式による評価は、以下の流れに沿って行います。

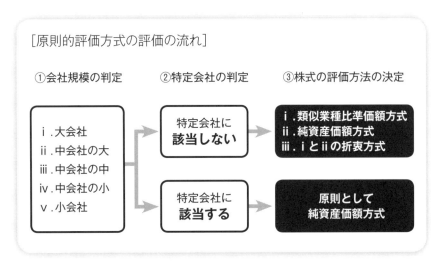

〈事例09〉原則的評価方式による評価

①会社規模の判定

　会社規模は、評価会社の「従業員数」「総資産価額（帳簿価額）」「取引金額（売上高）」により判定し、大会社、中会社、小会社に区分します。

　会社規模の判定は、一般的に次の判定表により行います。
　はじめに「従業員数」による判定です。従業員数が70人以上の場合は無条件に大会社となります。しかし、70人未満の場合は、総資産価額と組み合わせて判定を行っていきます。
　具体的には、まず「総資産価額」と「従業員数」（判定表Ａの区分）とのいずれか小さい方の区分に判定します。その後、「取引金額（売上高）」（判定表Ｂの区分）とのいずれか大きい方の区分により判定された会社規模がその会社の規模となります。

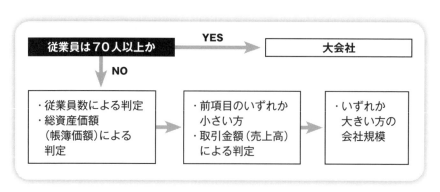

[会社規模の判定表]

| 判定基準 | 従業員数に応ずる区分 ||||  70人以上は、大会社 ||| 会社規模とLの割合 ||
|---|---|---|---|---|---|---|---|---|---|
| | A)総資産価額(帳簿価額)及び従業員数に応ずる区分 |||| 70人未満は、総資産価額と組み合わせて判定 ||||  |  |
| | | | | | B)直前期末以前1年間の取引金額に応ずる区分 |||  |  |
| | 卸売業 | 小売・サービス業 | その他の業種 | 従業員数 | 卸売業 | 小売・サービス業 | その他の業種 |  |  |
| | 20億円以上 | 15億円以上 | 15億円以上 | 35人超 | 30億円以上 | 20億円以上 | 15億円以上 | 大会社 |  |
| | 4億円以上20億円未満 | 5億円以上15億円未満 | 5億円以上15億円未満 | 35人超 | 7億円以上30億円未満 | 5億円以上20億円未満 | 4億円以上15億円未満 | 中会社 | 大 0.9 |
| | 2億円以上4億円未満 | 2.5億円以上5億円未満 | 2.5億円以上5億円未満 | 20人超35人以下 | 3.5億円以上7億円未満 | 2.5億円以上5億円未満 | 2億円以上4億円未満 | | 中 0.75 |
| | 7000万円以上2億円未満 | 4000万円以上2.5億円未満 | 5000万円以上2.5億円未満 | 5人超20人以下 | 2億円以上3.5億円未満 | 6000万円以上2.5億円未満 | 8000万円以上2億円未満 | | 小 0.6 |
| | 7000万円未満 | 4000万円未満 | 5000万円未満 | 5人以下 | 2億円未満 | 6000万円未満 | 8000万円未満 | 小会社 |  |

では、具体例で見てみましょう。

例えば、業種が小売業であるA社(従業員数30人、総資産価額8億円、売上高18億円)の場合、従業員数は70人未満ですので、総資産価額と従業員数との判定を行います。小売業ですので総資産価額は5億円以上15億円未満の欄に該当します。一方、従業員数は、20人超35人以下の欄に該当します。結果として、従業員数の区分が小さい方の区分に該当します。次に、取引金額(売上高)ですが、小売業の場合、5億円以上20億円未満の欄に該当します。ここでは、先に判定した従業員数の欄と比較していずれか大きい方の区分となりますので、取引金額(売上高)の区分が選択され、結果としてA社は、中会社の大の会社規模と判定されます。

②特定会社の判定

特定会社とは、比準要素数1の会社・株式保有特定会社・土地保有特定会社・開業後3年未満の会社・直前期末をもとに3要素ゼロの会社・開業前または休業中の会社・清算中の会社をいいます。

特定会社に該当する場合には、会社規模に関わりなく、原則として純資産価額方式で評価します。詳しくは、「事例16　特定会社の株式の評価」をご覧ください。

③株式の評価方法の決定

特定会社に該当しない場合には、会社規模により評価方法が異なります。大会社の場合、類似業種比準価額で評価し、中会社、小会社の場合は、類似業種比準価額と純資産価額を折衷して評価します。会社規模により、この折衷する割合（Lの割合）に違いがあります。なお、これらの評価額と純資産価額とを比べて、低い方の価額により評価することもできます。

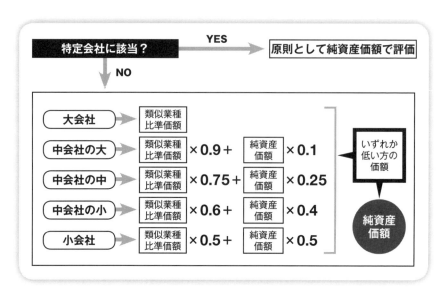

例えば、先ほどのA社（特定会社に該当しません）のケースです。

株式評価額は、類似業種比準価額3,000円、純資産価額10,000円としま

す。

　A社の会社規模は「中会社の大」に該当しますので、
「類似業種比準価額×0.9＋純資産価額×0.1」と「純資産価額」
のいずれか低い方の評価額となります。

　計算式にあてはめますと、A社の株式評価額は以下のようになります。
① 　3,000円×0.9＋10,000円×0.1＝3,700円
② 　10,000円
③ 　①＜②　∴3,700円

　一般的に、類似業種比準価額の方が純資産価額よりも低い場合が多く、会社規模が大きいほど類似業種比準価額の割合（Lの割合）を多く使用できるため、株式の評価が低くなる可能性があります。

> **Point**
>
> 　一般的に、類似業種比準価額の方が純資産価額よりも低い場合が多く、類似業種比準価額の使用割合が大きいほど、自社株の相続税評価額は低くなると考えられます！

事例 10

# 類似業種比準価額の計算

私は卸売業を営む会社を経営しています。私もいい歳となってきたのでそろそろ会社の第一線を退くことを考えるようになりました。当初はこの先10年を目処に息子に会社の代表権を渡そうと思っていましたが、株だけは早めに渡してしまった方がよいと思い立ち株の贈与を行いました。

**失敗のポイント**

類似業種比準価額による評価では、決算での業績が株価に影響しますので、贈与をする際には自社の株価を把握しておくことが大事になります。仮に業績がよい場合には贈与税の負担が重くなってしまうことになります。

> **正しい対応**
>
> 贈与をする前に会社の株価を把握しておきましょう。会社に利益が出ていないときに贈与された方が、利益が出ているときに比べ贈与税の負担を軽くすることができます。

[ポイント解説]

　類似業種比準価額方式では、評価会社の
①「配当」、②「利益」、③「純資産」
の３要素を基準に類似する業種の上場会社の株価に比準して、株価を計算します。

### （1）類似業種比準価額の計算方法

　類似業種比準価額方式とは、類似する業種の上場会社の株価に比準して自社株の評価額を計算する評価方法をいいます。株価の価格形成要素としては、配当や利益、純資産価額の他、事業内容や将来性、経営者の手腕などがあり、これら全ての項目を比準することが望ましいのですが、数値として把握することが難しいため、最も基本的な要素である評価会社の配当・利益・純資産をもとに計算します。

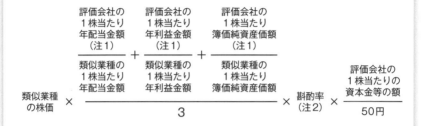

[類似業種比準価額の計算式]

(注1) 1株当たりの資本金等の額を50円とした場合の金額。
(注2) 斟酌率は、大会社0.7、中会社0.6、小会社0.5となります。

### (2) 類似業種比準価額のポイント

①比準する３要素は「配当」「利益」「純資産」です。

　比準する類似業種に比べて自社の３要素が高い場合には、結果として自社株の評価額も高くなります。また、業種目は、評価会社の主たる業種目により判定することになります。複数の業種目を兼業している場合には、単独の業種目の取引金額が全体の50％を超える業種目により判定します。

②３要素は、原則として直前期・直前々期の決算数値を使用します。

　決算期をまたぐと比準要素が変わり株価も変わります。つまり、決算での業績が株価に影響します。

## (3) 計算例

類似業種比準価額を計算してみましょう。

会社の概要

| 業種 | 卸売業 |
|---|---|
| 会社規模 | 中会社の中 |
| 発行済株数 | 2,000株 |
| 1株当たりの資本金等の額 | 50,000円 |

類似業種比準価額を計算するための値

| 本郷商事㈱ | | 類似業種（卸売業） | |
|---|---|---|---|
| 1株当たりの年配当金額 | 4円 | 1株当たりの年配当金額 | 2円 |
| 1株当たりの年利益金額 | 60円 | 1株当たりの年利益金額 | 20円 |
| 1株当たりの簿価純資産価額 | 600円 | 1株当たりの簿価純資産価額 | 150円 |
| | | 株価 | 150円 |

[計算式]

$$150円 \times \frac{\frac{4円}{2円} + \frac{60円}{20円} + \frac{600円}{150円}}{3} \times 0.6 \times \frac{50,000円}{50円} = 270,000円$$

> 類似業種比準価額は、270,000円となります！

事例

# 類似業種の業種判定

私は、不動産販売業を営む会社を15年間経営しており、5年前からは、不動産賃貸業もスタートしました。数年前からは不動産販売の業績が極端に低迷しているため、最近の売り上げは、不動産賃貸によって支えられている状況です。

今回、自社株を類似業種比準価額で評価することになり、設立時から継続している不動産販売業としての株価評価を行いました。

**失敗のポイント**

複数の業種を兼業している企業の株式を類似業種比準価額で評価する場合には、そのうちの主たる業種として評価を行います。

本事例の場合には、現在の主な業種は不動産販売業ではなく不動産賃貸業であるため、不動産賃貸業としての株価評価をする必要があります。

> **正しい対応** 複数の業種を兼業している企業の株式を類似業種比準価額で評価する場合には、各業種の売上高割合（直前期末以前1年間）を把握して、主な業種を判定します。

［ポイント解説］

　類似業種比準価額は、類似業種の株価等に比準させて計算するものなので、評価対象の会社の業種がどの業種に該当するかを判定する必要があります。具体的には、国税庁長官が通達で定めているので（「類似業種比準価額計算上の業種目及び業種目別株価等」、p.69参照）、これにより該当する業種を判定することになります。

**(1) 複数の業種を兼業している場合**

　主な業種としての評価を行います。主な業種とは、単独の業種に係る取引金額の総取引金額に対する割合が50％を超えるものになります（p.68の表参照）。

[評価会社の業種と売上高割合]

| 業種 | 売上高割合 |
|---|---|
| 不動産賃貸業 | 75% |
| 不動産取引業 | 15% |
| その他不動産業 | 10% |
| 合計 | 100% |

→ 50%超より「主な業種」

　本事例の場合には、不動産賃貸業の売上高割合が75%であり、50%を超えていることから、不動産賃貸業が主な業種となります。

## (2) 類似業種の株価の判定

　類似業種の業種が判定できたら、類似業種の株価の判定を行います。これは国税庁が公表している「類似業種比準価額計算上の業種目及び業種目別株価等」(p.69の表参照)により判定します。このとき、該当する業種目が「小分類」、「中分類」、「大分類」のいずれかに区分されています。そこで仮に業種目が小分類に区分されていれば、小分類の業種目を評価会社の類似業種としますが、納税者の有利選択によって、その業種目が属する中分類の業種目を類似業種とすることができます。

　また、同様に、業種目が小分類に区分されていない場合には、中分類の業種目を評価会社の類似業種としますが、納税者の有利選択によって、その業種目が属する大分類の業種目を類似業種とすることができます。

[ 類似業種比準価額計算上の業種目及び業種目別株価等 ]
（平成30年分一部抜粋）

（単位：円）

| 業種目 | | | 番号 | B 配当金額 | C 利益金額 | D 簿価純資産価額 |
|---|---|---|---|---|---|---|
| 大分類 | | | | | | |
| | 中分類 | | | | | |
| | | 小分類 | | | | |
| （番号1-87は省略） | | | | | | |
| 金融業、保険業 | | | 88 | 3.8 | 21 | 237 |
| | 銀行業 | | 89 | 3.1 | 19 | 274 |
| | 金融商品取引業、商品先物取引業 | | 90 | 5.9 | 18 | 147 |
| | その他の金融業、保険業 | | 91 | 3.9 | 32 | 220 |
| 不動産業、物品賃貸業 | | | 92 | 4.6 | 42 | 219 |
| | 不動産取引業 | | 93 | 3.2 | 43 | 178 |
| | 不動産賃貸業、管理業 | | 94 | 3.9 | 28 | 160 |
| | 物品賃貸業 | | 95 | 8.5 | 66 | 400 |

＊上記のように、主な業種について該当する中分類（番号94）がある場合、その大分類（番号92）といずれかを選択することができます（有利な方を選択可）。

　例えば、主な業種目が「不動産賃貸業」に該当する場合、類似業種比準価額の業種目は、上図中の中分類の「94　不動産賃貸業、管理業」としますが、その不動産賃貸業、管理業の属する大分類に位置する「92　不動産業、物品賃貸業」を選択することもできます。したがって、これらのうち、それぞれの類似業種の株価、比準要素（配当金額・利益金額・簿価純資産価額）をもとにして計算した金額が低くなる方の業種目を有利に選択することができます。

［評価会社の会社規模］
　中会社（斟酌率0.6）

［評価会社の1株当たりの配当・利益・純資産］
　配当2.0円、利益40円、簿価純資産価額300円

［類似業種の株価］
　94　不動産賃貸業、管理業（中分類）の株価　400円
　92　不動産業、物品賃貸業（大分類）の株価　200円

［類似業種の1株当たりの配当・利益・純資産］
　94　不動産賃貸業、管理業（中分類）
　　　配当3.9円、利益28円、簿価純資産価額160円
　92　不動産業、物品賃貸業（大分類）
　　　配当4.6円、利益42円、簿価純資産価額219円

［株価の有利選択］

① $400 \times \dfrac{\dfrac{2}{3.9} + \dfrac{40}{28} + \dfrac{300}{160}}{3} \times 0.6 \fallingdotseq 302$

② $200 \times \dfrac{\dfrac{2}{4.6} + \dfrac{40}{42} + \dfrac{300}{219}}{3} \times 0.6 \fallingdotseq 109$

③　①＞②　∴109（不動産業、物品賃貸業（大分類）の方が有利）

**(3) 主な業種目(取引金額割合が50%を超える業種目)がない場合**

　主な業種目(取引金額割合が50%を超える業種目)がない場合には、別途業種の判定方法がありますが、中小企業においては、主な業種目がないケースは相対的に少ないため記載を省略させていただきます。

事例 12

# 純資産価額の計算

　私は衣料品の製造会社を経営しています。息子への株の贈与を考えていますが、当社は会社規模が小会社であるため、純資産価額と類似業種比準価額の折衷により、株価を評価すると思います。土地に含み益がありますが、評価額がいくらかわからなかったため土地は帳簿価額により純資産価額を算出しました。

**失敗のポイント**

　顧問税理士より、純資産価額の評価の際には、土地について相続税評価額で評価する必要がある旨の指摘を受けました。土地を相続税評価額で評価すると、株価が大幅に上がってしまいました。

**正しい対応**　純資産価額により株を評価するときには、資産及び負債を相続税評価額により評価する必要があります。

[ポイント解説]

　純資産価額方式は、会社の資産の額から負債の額を控除した純資産価額を自社株の価値とする方法です。つまり、会社の清算価値に着目した評価方法となります。

### (1) 純資産価額の計算方法

　純資産価額方式とは、会社の資産及び負債を相続税評価額に評価替えして、株価を計算する方法をいいます。具体的には、次のように計算します。

[純資産価額の計算式]

$$\frac{純資産価額（帳簿価額）＋\{含み益^{※1}×(1－37\%^{※2})\}}{発行済株式数}$$

※1 含み益→相続税評価額による純資産価額から帳簿価額による純資産価額をマイナスすることにより計算します。また、含み損となる場合には、帳簿価額による純資産価額からその含み損となる金額を減額します。

※2 37%→会社が解散したものと仮定した場合の法人税等の税率です。
　　（※ 税制改正等の影響により変更になる可能性があります）

＜純資産価額のイメージ図＞

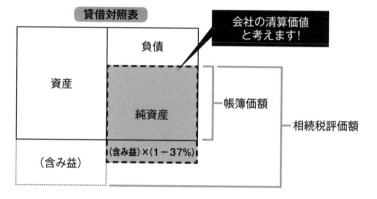

## (2) 計算例

純資産価額を計算してみましょう。

会社の概要

| 業　種 | サービス業 |
|---|---|
| 会社規模 | 大会社 |
| 発行済株式数 | 2,000株 |

貸借対照表と相続税評価額

【貸借対照表】

| 土地 | 1億円 | 借入金 | 4億円 |
|---|---|---|---|
| その他資産 | 9億円 | 資本金 | 1億円 |
|  |  | 別途積立金等 | 5億円 |
| 合計 | 10億円 | 合計 | 10億円 |

【相続税評価額】

| 土地 | ： | 5億円 |
|---|---|---|
| その他資産 | ： | 9億円 |
| 借入金 | ： | 4億円 |

①純資産（帳簿価額）は？… 6億円

②含み益は？

| 相続税評価額による純資産 | 帳簿価額による純資産 | 含み益（差額） |
|---|---|---|
| 10億円 | 6億円 | 4億円 |

③計算式

$$\frac{6億円 + 4億円 \times (1 - 37\%)}{2,000株} = 426,000円$$

**純資産価額は、426,000円となります！**

〈事例12〉純資産価額の計算

事例 13

# 純資産価額の資産別評価

私は、飲食業を営む会社を経営しております。株式については、息子への贈与を考えていますが、当社は会社規模が小会社であるため、純資産価額による評価を行いました。その際に、土地及び建物を含む全ての財産について、相続税評価額により評価しております（前期に取得した土地が含まれています）。

**失敗のポイント**

顧問税理士より、純資産価額を評価する場合で、その保有資産の中に課税時期前３年以内に取得または新築した土地や建物があるときは、これらについて「通常の取引価額」により評価する必要があるとの指摘を受けました。そして、前期に取得した土地を「通常の取引価額」（例えば、公示価格ベース等）で評価し直すと、株価が上昇してしまいました。

> **正しい対応**
> 
> 純資産価額を評価する場合、土地や建物については課税時期前3年以内に取得したものを区分して把握し、3年以内取得のものを「通常の取引価額」、それ以外を「相続税評価額」により評価します。

[ポイント解説]

　評価会社が所有する各財産を評価する場合、原則として「相続税評価額」により評価しますが、例外として、資産の中に課税時期前3年以内に取得または新築した土地や建物があるときは、「通常の取引価額」に相当する金額によって評価することになります。

## (1) 資産の評価

　課税時期における評価会社の各資産を、財産評価基本通達に定める方法によって評価し、その評価額を「相続税評価額」とします。

## [主な資産の例示と評価の概要]

| | |
|---|---|
| 預貯金 | 課税時期における預金残高と、解約するとした場合の既経過利子の額（源泉税控除後）との合計額で評価します。ただし、定期預金等以外の預貯金については、既経過利子の額が少額なものに限り、預金高で評価します。 |
| 営業債権 | 帳簿価額から回収不能額があれば控除し、受取手形については、支払期限までの期間が6ヶ月以上あるものは、割引料相当額を控除します。 |
| 有価証券 | 上場株式の場合は、課税時期の最終価額、課税時期の属する月以前3ヶ月間の毎月の最終価額の月平均額のうち、最も低い価額で評価します。取引相場のない株式は、評価会社が同族株主等の場合は原則的評価方式、同族株主等以外の場合には配当還元方式によって評価します。 |
| 棚卸資産 | 財産評価基本通達において、棚卸資産の種類に応じて評価方法が定められていますが、不良在庫を除き、実務上は帳簿価額と同額としているケースが多く見られます。 |
| 貸付金等 | 貸付金、未収入金、仮払金等は、その返済されるべき金額で評価し、利息を収受すべきものは既経過利息の金額との合計額で評価します。 |
| 建物 | 建物及び建物と一体となっている設備は、固定資産税評価額で評価します。また、貸家となっている場合には貸家による制限部分を斟酌します。 |
| その他の減価償却資産 | 財産評価基本通達において、再調達価額を原則とする計算方法が定められていますが、税法限度額どおりに減価償却を実施している場合には、実務上は帳簿価額と同額としているケースが多く見られます。 |
| 土地等 | 財産評価基本通達において、土地は、宅地、田、畑、山林、原野、牧場、池沼、鉱泉地及び雑種地といった地目別に評価するとされています（宅地を例にすると、市街地の宅地は路線価方式、市街地以外の宅地は倍率方式で評価します）。 |
| ゴルフ会員権 | 株式形態のゴルフ会員権か否か、取引相場があるか否かなどにより評価方法が定められています。 |
| 帳簿価額はないが、評価対象となる資産 | 例として、未収の生命保険金があります。会社の代表者が被保険者となり、会社を受取人として生命保険契約を締結している場合、代表者の死亡に伴い保険金収入が予定されているときには、死亡保険金相当額により評価します。 |
| 評価対象にならない資産 | 例として、財産性のない前払費用、創立費や新株発行費等の繰延資産、繰延税金資産は評価の対象とはなりません。 |

## [例外的規定の代表例]（過度な節税対策の防止）

| | |
|---|---|
| 課税時期以前3年以内に取得した土地等または建物等 | 該当する資産は、課税時期における「相続税評価額」ではなく、課税時期における「通常の取引価額」により評価します。 |
| 評価会社が有する取引相場のない株式 | 評価会社が有する取引相場のない株式を純資産価額で評価する場合、含み益に対する法人税等相当額を控除することができません。 |

### (2) 負債の評価

多くの場合、負債の額は対外的に金額が確定しており、負債の評価といった手続きは不要です。したがって、ほとんどの負債において、相続税評価額と帳簿価額は同額になります。

[留意点]

| | |
|---|---|
| 引当金等 | 貸倒引当金、賞与引当金、退職給付引当金、納税引当金及びその他の引当金、準備金並びに繰延税金負債は、負債の額に含めません。 |
| 未納の法人税等 | 直前期末の決算に基づいて評価する場合、未納の法人税等は負債として取り扱われます。 |
| 未納の固定資産税及び都市計画税 | 課税時期以前に賦課期日(その年の1月1日)のあった固定資産税や都市計画税の額のうち、課税時期において未払いの金額は負債として取り扱われます。 |
| 剰余金の配当等 | 直前期末と株主総会等の日の間に課税時期がある場合は、未払配当金は負債計上できません。株主総会等の日の後に課税時期がある場合は、未払配当金は負債計上します。 |
| 未払いの退職手当金等 | 被相続人の死亡により会社が支給することが確定した退職手当金、功労金、その他準ずる給与の額は、原則として負債計上します。 |
| 被相続人に係る社葬費用 | 評価会社が、被相続人に係る社葬費用を負担した場合、純資産価額の計算上、社葬費用については負債に計上してよいことになっています(遺族が負担すべきものは除きます)。 |
| その他未納租税公課、未払利息等の簿外負債 | 未払いの租税公課や借入金の未払利息など、決算書に計上されていない債務は、負債として計上します。 |

事例 14

# 配当還元価額の計算

私は住宅リフォーム会社を経営しています。最近2期は業績悪化により配当は実施していません。配当還元価額は、直前期末以前2年間の年配当金額をもとに計算すると聞きましたので、当社の場合には配当還元価額はゼロ円になると考えています。

**失敗のポイント**

顧問税理士より、無配当であったとしても、株価はゼロ円ではなく、年配当金額を2円50銭で計算した金額となる旨の指摘がありました。

> **正しい対応**
>
> 無配でも株価はゼロ円にはなりません。また、中間配当を行っている場合には、中間配当と期末配当の合計額が１年間の配当金額となります。

［ポイント解説］

　同族株主以外の株主や少数株主が取得した株式については、会社の規模にかかわらず、原則として、例外的評価方式である配当還元価額により株価評価を行うこととなります。

---

### （１）配当還元価額の計算方法

　配当還元価額は、直前期末以前２年間の年配当金額をもとに計算します。この場合、特別配当や記念配当などの毎期継続しない配当を除いて計算をします。

> ［配当還元価額の計算式］
>
> $$\frac{その株式に係る年配当金額}{10\%} \times \frac{その株式の１株当たりの資本金等の額}{50円}$$
>
> ※１　年配当金額は１株当たりの資本金等の額を50円とした場合の配当金額となります。
> ※２　年配当金額が２円50銭未満の場合には、２円50銭となります。つまり、無配当であったとしても、株価はゼロ円ではなく、年配当金額を２円50銭で計算した金額となります。また、中間配当を行っている場合には、中間配当と期末配当の合計額が１年間の配当金額となります。

〈事例14〉配当還元価額の計算

## (2) 計算例

配当還元価額を計算してみましょう。

[配当金額]

| | |
|---|---|
| 前年の年配当金額※ | 3円 |
| 前々年の年配当金額※ | 4円 |
| 1株当たりの資本金等の額 | 500円 |

※1株当たりの資本金等の額を50円とした場合

① その株式に係る年配当金額は？ …… $\dfrac{3円+4円}{2} = 3.5円$

② 計算式 …… $\dfrac{3.5円}{10\%} \times \dfrac{500円}{50円} = 350円$

**配当還元価額は、350円となります！**

---

## column 3

# 未来からの手紙!?
# 納税猶予制度と「後継者の子供」の関係性

(物語はフィクションです。)

### 1. プロローグ

　会社のオーナー経営者であるAさんが、ある朝新聞を取りに行くと、ポストには新聞のほかに封書が1通入っていました。あて名は自分になっており、裏を返すと差出人は先日生まれたばかりの孫Cの名前が書いてあります。
「これは何かのいたずらか？」

そう思ったものの中身が気になるので開いてみると、そこには2061年を生きる孫Cからの相談が書かれていました。

## 2．孫Cの悩みとは？
　おじいちゃんへ。
　ある日親父Bから突然、今の仕事を辞めて会社を継いでくれないかと切り出されました。なんでも、親父Bが支払うはずだった株式に対応する相続税は猶予されているだけであり、完全に免除されるためには、誰かが事業承継税制の適用を受けて引き継がないといけないのだそうです。
　親父Bに相続が発生した時にも免除されるそうですが、株価はどんどん上がっていくし、他人に無償で渡すのも惜しいです。でも俺は今の仕事にとてもやりがいを感じています。おじいちゃん、俺はどうしたらいいかな？

## 3．孫Cの手紙からわかることとは？
　事業承継税制により一定要件の下、非上場株式に対応する税金が全額猶予されるということが知られるようになって１年ほどが経ちますが、直ちに「免除」されるわけではなく、「猶予」される制度であることを決して忘れてはなりません。そして、最終的に免除されるためには、原則として後継者に相続が発生するか、事業承継税制を使って次の後継者に承継する必要があります。
　いまこの本を手に取っていただいている経営者の多くは、好調の会社を承継しようと考えられていると思いますが、現在好調な事業でも将来永続するかどうかの保証はありません。「○○工業」「○○製紙」という社名でも、かつての本業は既に廃業し、不動産賃貸業を行っている会社も少なくありません。そんな中、世代を超えて事業継続することを国と約束して相続税の猶予を受けることが、本当にベストな方法なのでしょうか。納税猶予制度のデメリットの解説は他ページに譲りますが、今回の物語のように子孫の将来の足かせとなることもあるので、事業承継の専門家と相談の上慎重な判断をされることをお勧めします。

事例 15

## 同族株主の判定

　私はA社という会社とB社という会社にそれぞれ45％ずつ出資しております。
　共同出資者であった乙氏（B社の株式の10％を保有）には子孫がいないため、退職を機にB社株式を私に買い取ってほしいとの相談を受けました。できるだけ安く買い取りたいと思いましたが、時間もなかったので、私は個人で配当還元方式により評価した金額で買い取ることとしました。
　しばらくして税務調査があり、高い原則的評価方式で評価するよう指摘を受けました。結果として原則的評価方式での評価額と配当還元方式での評価額との差額につき贈与税の認定を受けることになりました。

## 失敗のポイント

　A社が乙氏から買い取るのであれば、安い配当還元方式で買い取っても課税上問題はなかったのに、個人で売買をすることによって高い原則的評価方式での評価となりました。この場合、配当還元方式により売買すると、原則的評価方式に基づく評価額との差額につき、贈与税の申告が必要となることを知らず、思わぬ税負担を負うことになりました。

## 正しい対応

　取得者によって適用される株価の計算方式が異なることを、認識すべきでした。A社は私が50％超の議決権を所有していないため、同族関係者に該当せず、A社単体で評価方式を決定することができました。この場合、移転後にA社の保有するB社株式は10％のため配当還元方式により売買しても問題なかったことになります。

〈事例15〉同族株主の判定

[ポイント解説]

現状の持株関係は下記の図のとおりとなります。本人が買い取った場合（ケース1）とA社が買い取った場合（ケース2）を比較してみましょう（A社の他の株主で50％超保有の株主はいないものとします。以下同じ）。

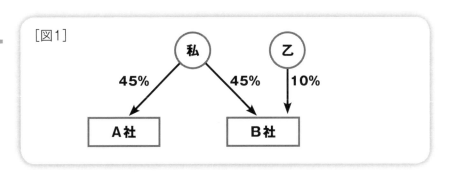

[図1]

・ケース1（私が買い取り）

　この場合、買い取り後の持株割合は55％になります（図2）。取引相場のない株式の評価は、移転後の持株割合により判定します。判定のポイントは筆頭株主グループの議決権割合です。30％以上であれば「同族株主のいる会社」となり、本人の議決権割合が5％以上であれば原則的評価方式となります。本事例では、この場合、本人は過半数を取得することができます。

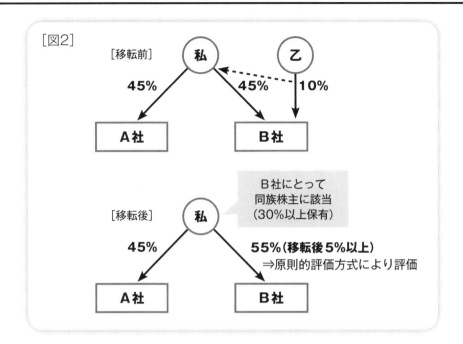

『同族株主』とは？

　その会社の株主のうち、株主の1人及びその同族関係者の保有する議決権の合計が、総議決権の30％以上である場合の、その株主とその同族関係者をいいます。

　同族関係者とは、個人の場合には、親族や事実上婚姻関係と同様の事情にある者等、法人の場合には、株主等の1人及び特殊関係のある法人が他の会社を支配している場合（50％超保有）におけるその会社をいいます。

・ケース2（A社が買い取り）

　この場合、同族株主は誰になるかがポイントになります。30％以上の議決権を持っているのは、私だけとなります（図3、45％）。したがって、それ以外の株主は、「同族株主以外の株主」に該当することとなり、配当還元方式となります。

また、私は、A社株を50％超保有しておりません（45％）。したがって、私とA社は、資本関係はあるものの、同族関係者には入らないため、同族株主には含まれません。本事例では本人は過半数を取得できないことになります。

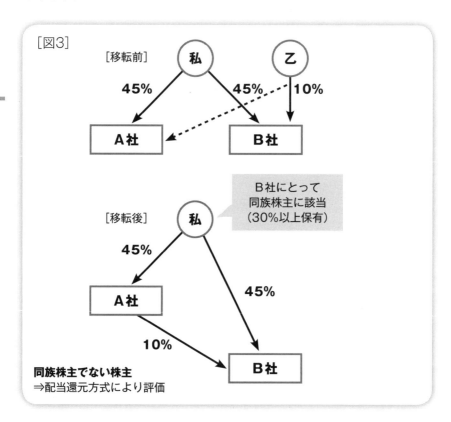

・仮に私がA社株を60％保有していた場合（A社が買い取り）

この場合、私はA社株を50％超保有しているため、私とA社は同族関係者に該当します。すると、私は、B社株式を45％、A社を通して10％保有することとなるため、A社がB社株式を買い取った場合には、配当還元方式ではなく、小会社方式（実務上、同族の法人株主にとっての原則的評価方式と考えられている方法）で評価することとなり、一般的には高い

評価額になります。

事例 16

# 特定会社の株式の評価

　私は都内で自動車整備工場を経営しています。会社の敷地は、先代の社長の時代に購入したもので含み益が相当あると思います。また、社歴が長いこともあり貸借対照表の純資産に過去の利益の蓄積が進んでいます。

　今年の会社の決算が悪かったため、類似業種比準価額による株価も下がっていると考え、後継者である息子への贈与を進めようと考えています。

**失敗のポイント**

　顧問税理士より、当社が土地保有特定会社に該当しているため、類似業種比準価額による株価ではなく、純資産価額による株価になる旨の指摘がありました。当社の場合、純資産価額は、類似業種比準価額の倍近い価額のため、贈与税の負担を考え贈与による株の移転はあきらめました。

> **正しい対応**
>
> 土地保有特定会社に該当する非上場会社の株価は、純資産価額により評価します。社歴が長く利益の蓄積が進んでいる会社の場合、類似業種比準価額と純資産価額の株価では大きな差が出る場合があります。
> 特定会社に該当しているかどうかについて、適切に現状を把握することが必要です。

[ポイント解説]

　自社株の評価は、通常、原則的評価方式により評価することとされています。しかし、評価対象となる会社が、一般の評価会社の状況と異なる場合があり、原則的評価方式では適正な評価ができないケースがあります。この場合、原則として、純資産価額方式により株価を計算することになります。

## (1) 特定会社に該当する場合

　特定会社とは、比準要素数1の会社・株式保有特定会社・土地保有特定会社・開業後3年未満の会社・直前期末をもとに3要素ゼロの会社・開業前または休業中の会社・清算中の会社をいい、一般の評価会社と異なり、原則として純資産価額方式で株価を評価することになります。以下、株式保有特定会社、土地保有特定会社、比準要素数1の会社に該当する場合を

## (2) 株式保有特定会社

相続税評価額による総資産に占める株式の割合が、次に該当した場合には、株式保有特定会社に該当します。

| 会社の規模 | 大会社 | 中会社 | 小会社 |
|---|---|---|---|
| 総資産に占める株式の保有割合 | 50％以上（※） | 50％以上 | 50％以上 |

（※）平成25年5月27日より前は25％でした。

[例]

貸借対照表（相続税評価額）

| 株式 | 6億円 | 資本金 | 10億円 |
|---|---|---|---|
| その他資産 | 4億円 | | |
| 合計 | 10億円 | 合計 | 10億円 |

（中会社の場合）

$$\frac{株式\quad 6億円}{総資産\quad 10億円} = 60\% \geq 50\%$$

∴株式保有特定会社に該当します。

上記の例では、総資産10億円（相続税評価額）に対して、株式の相続税評価額が6億円となっており、株式の割合が60％となっています。この会社は、中会社であり株式保有特定会社の判定基準である50％を超えているので、株式保有特定会社に該当します。

また、株式保有特定会社の判定には、上場株式、非上場株式等は含まれますが、投資信託等は含まれません。

[「株式」の範囲]

| 含まれるもの | 含まれないもの |
|---|---|
| 上場株式 | 証券投資信託の受益証券 |
| 非上場株式 | 匿名組合の出資 |
| 外国株式 | 株式制ではないゴルフ会員権 |
| 信用金庫等の出資金 | ― |
| 株式制のゴルフ会員権 | ― |

## (3) 土地保有特定会社

相続税評価額による総資産に占める土地の割合が、次に該当した場合には、土地保有特定会社に該当します。

| 会社の規模 | 大会社 | 中会社 | 小会社 |
|---|---|---|---|
| 総資産に占める土地の保有割合 | 70%以上 | 90%以上 | （注） |

（注） 総資産価額基準が大会社に該当するもの…70%以上
　　　総資産価額基準が中会社に該当するもの…90%以上

[例]

貸借対照表（相続税評価額）

| 土地 | 8億円 | 資本金 | 10億円 |
|---|---|---|---|
| その他資産 | 2億円 | | |
| 合計 | 10億円 | 合計 | 10億円 |

（大会社の場合）

$$\frac{土地　　8億円}{総資産　10億円} = 80\% \geqq 70\%$$

∴土地保有特定会社に該当します。

上記の例では、総資産10億円（相続税評価額）に対して、土地の相続税評価額が8億円となっており、土地の割合が80%となっています。この会社は、大会社であり土地保有特定会社の判定基準である70%を超えているので、土地保有特定会社に該当します。

また、土地保有特定会社の判定には、固定資産に計上されている土地の他に、棚卸資産の土地も含まれます。

---

[注意]

評価会社が(2)株式保有特定会社や(3)土地保有特定会社に該当するかどうかを判定する場合において、判定の直前に合理的な理由もなく資産構成に変動があり、それがこれらの特定会社に該当することを避けるためのものと認められるときは、その資産構成の変動はないものとして評価会社の判定を行います（財産評価基本通達189）。

## (4) 比準要素数1の会社

　非上場株式の評価の要素である、「1株当たりの配当金額」「1株当たりの利益金額」「1株当たりの純資産価額」のうち、直前期を基準にして計算したいずれか2つがゼロであり、かつ、直前々期を基準にして計算した場合にもいずれか2つ以上がゼロである会社は、「比準要素数1の会社」に該当します。

[例]

|  | 1株当たり配当 | 1株当たり利益 | 1株当たり純資産 |
|---|---|---|---|
| 直前期 | 0円 | 0円 | 50円 |
| 直前々期 | 0円 | 0円 | 80円 |
| 直前々期の前期 | 0円 | 0円 | 60円 |

　上記の例では、直前期を基準に計算して「1株当たりの配当金額」、「1株当たりの利益金額」がゼロであり、直前々期を基準にしても同様であるため、「比準要素数1の会社」に該当します。

### Point

　貸借対照表の中で、株式や土地の割合が高い場合には、株式・土地保有特定会社かどうかの確認をしましょう！

## column 4

## 会社を継ぐのは、男性だけとは限らない

　最近、後継者がいなくて会社を清算したいという問い合わせがきました。
　一度は長男が会社を継いだのですが、長男が挫折してしまい、一度引退した社長が再度経営に戻ったのですが、後継者が見つからず、結局は会社を清算するというケースでした。
　社長としては会社を清算することについて、従業員を解雇することが大変つらい決断だったと話しておりました。
　会社は男が継ぐものという考え方は、最近では崩れてきています。
　長男ではなく長女に継がせたいという社長や、実際に一人娘の長女に会社を継がせているというケースがあります。
　社長になった娘さんと話をしますと、「大変だけどやりがいがあります」という返事。また、女性経営者の集まりに参加したり、人間関係が広がったと話していました。
　社長の娘さんが会社を継ぐようなケースですと、社長もすぐに会社を退職するわけではなく、自らは代表権のある会長に就き、娘さんを代表権のある社長にしているケースが多いです。
　やはり、いきなり単独で代表権を与えるには、社長として娘さんが未熟であること、また従業員の反発も考えられます。また、社長が代表権のある会長になることは、すぐそばで娘さんに社長としての教育ができるという点ではとてもよいことだと思います。
　最近は女性の社会への進出が多くなっています。男性では行き届きにくいきめ細やかな対応、特に男性よりも肝が据わっているといったことが影響しているような気がします。これから会社の後継者を決めようと考えている社長は、男性に限らず女性を経営者にすることも選択肢に加えてはいかがでしょうか？

事例 17

# 医療法人出資金の評価方法

　私の父（出資持分100％）は、都内で産婦人科の医療法人（持分の定めのある社団医療法人）を経営しておりましたが、この度亡くなりました。

　法人の事業は私が引き継ぐことになり、出資の全部を私が相続します。

　当法人の出資金評価額は、一般の非上場会社と同じような計算になると思いますので、会社の規模は中会社に該当し、純資産価額と類似業種比準価額の折衷により評価します。

　ただし、類似業種比準価額のうち、配当金額の計算について、当法人は、配当をしていませんので配当金額はゼロとして取り扱うこととなり、結果として一般の会社より有利な評価額になると思いました。

**失敗のポイント** 医療法人に配当がないのは、医療法により配当禁止規定が設けられているからです。これにより、類似業種比準価額による評価額を算定する際には、一般の会社で使われている計算式と異なる計算式で評価されるため、納税額が多くなってしまいました。

**正しい対応** 医療法人の出資持分の評価額は、全体的には非上場株式と同じように計算されますが、一般の会社とは異なる計算式がありますので、評価をする際には注意が必要です。

［ポイント解説］

　医療法人の出資持分の評価方法は、原則として取引相場のない株式の評価方法と同じになりますが、そのうち、類似業種比準価額の計算について、一般の評価会社と比較すると次のとおりとなります。

〈事例17〉医療法人出資金の評価方法

### (1) 一般の評価会社の場合（大会社の場合）

$$類似業種比準価額 = A \times \dfrac{\dfrac{b}{B} + \dfrac{c}{C} + \dfrac{d}{D}}{3} \times 0.7^{(注)}$$

(注) 中会社の場合には「0.6」、小会社の場合には「0.5」になります。

A：類似業種の株価
B：評価時点の類似業種の1株当たりの年配当金額
C：評価時点の類似業種の1株当たりの年利益金額
D：評価時点の類似業種の1株当たりの純資産価額（帳簿価額）
b：評価会社の1株当たりの年配当金額
c：評価会社の1株当たりの年利益金額
d：評価会社の1株当たりの純資産価額（帳簿価額）

### (2) 医療法人の場合（大会社の場合）

$$類似業種比準価額 = A \times \dfrac{\dfrac{c}{C} + \dfrac{d}{D}}{2} \times 0.7^{(注)}$$

(注) 中会社の場合には「0.6」、小会社の場合には「0.5」になります。

医療法により配当禁止規定が設けられていることから、医療法人の出資金を算定するにあたっては、類似業種比準価額の計算上、年配当金額は比

準要素に含まれず、年利益金額と純資産価額のみ考慮します。

したがって、上記の算式のとおり、医療法人についての計算式には、B及びbは含まれず、また、分母についても「3」から「2」へ変わります。

### (3)使用する業種目

医療法人は配当が禁止されている等、特殊な性質を有することから、類似する業種目が存在せず、評価をする際には「その他の産業」を使用します。なお、会社規模区分の判定においては、「小売・サービス業」に該当するものとして判定します。

### (4)具体例

評価会社の会社規模：大会社

評価会社の1株当たり配当：なし　→　考慮しません
評価会社の1株当たり利益：40円
評価会社の1株当たり純資産：1,600円

「その他の産業」の株価：150円
「その他の産業」の1株当たり配当：4円　→　考慮しません
「その他の産業」の1株当たり利益：10円
「その他の産業」の1株当たり純資産：200円

$$類似業種比準価額 = 150円 \times \frac{\frac{40円}{10円} + \frac{1,600円}{200円}}{2} \times 0.7 = 630円$$

事例 18

# 持株の放出と配当還元方式の適用可能性について

　私は製造業を営む法人Ａの代表者です。法人Ａの株式については、従前は私が全て保有していましたが、親族の中から後継者が現れなかったため、10年ほど前から従業員持株会や手塩にかけて育ててきた古参役員を中心に設立した法人に持株を譲渡して、保有比率を徐々に減らしてきました。さらに顧問税理士から保有比率が15％未満であれば、配当還元価額という安い評価方法により評価が可能で、私が死亡した際の相続税の計算において有利になるという話を聞いたので、15％未満になるまで譲渡をすることを検討していました。
　ところが、先日知人に誘われて参加したセミナーでは、表面的な保有比率が15％未満であっても、原則的評価方式により評価される場合があると聞き、どのようにしたらいいかわからなくなってしまいました。

**失敗のポイント**

　本事例でご紹介したとおり、同族関係者が保有する株式が15％未満である場合には、相続税評価額は配当還元方式で計算してよいこととなっています。しかし、このルールを定めている財産評価基本通達の第1章総則の6項には「この通達の定めによって評価することが著しく不適当と認められる財産の価額は、国税庁長官の指示を受けて評価する。」と規定されており、行き過ぎた租税回避行為を否認する根拠となっている一方、納税者の予測可能性が損なわれ、本事例のように安易に考えて対策をしようとすると、後々判断に迷いかねません。

**正しい対応**

　配当還元方式は、実効支配力のない株主の株についてのみ適用される例外的な評価方法ですから、同方式によらず類似業種比準価額方式などの原則的評価方式を適用すべき特別な事情がある場合には、原則的評価方式により評価されることとなります。しかしこのことは、15％未満の保有比率であっても、例えば創業者や代表取締役であれば配当還元価額で評価ができないということではありません。一例として配当還元方式の適用を国と争った次の裁判例がありますので、どういった点が争点になったか

を理解した上で、資本政策を検討すべきでしょう。

［ポイント解説］

　ご紹介する事例は、被相続人が相続開始前に、「被相続人が代表を務めるA社の役員・従業員」が株主であるB社及びC社に株式を譲渡することにより、相続人等を含めた同族関係者の持株比率が15％未満に抑えられたことから、相続人等が配当還元方式の適用をして申告した事例です。この事例では、相続人等と税務署との間で争いに発展し、最終的には平成29年8月30日に東京地方裁判所で配当還元方式の適用が認められ、確定しました。

　以下にはその裁判の中で争点となった主要なポイントです。

## (1) 15％未満かどうかを判定する同族関係者の中には、同一内容の議決権を行使することに同意している者の有する議決権は含まれるか。

### ①税務署側の主張

　税務署側は、B社及びC社が相続人等の意思と同一の内容の議決権を行使することに同意しており、B社及びC社を含めた同族関係者の議決権割合は、15％以上であるという趣旨の主張を行いました。

### ②東京地裁の判断

　一方東京地裁は、上記の税務署側の主張を通達の解釈誤りであると指摘し、仮にB社及びC社が相続人等の意思と同一の内容の議決権を行使することに同意していたとしても、B社及びC社が保有する議決権を相続人等が保有していることにはならず、配当還元方式が適用可能としました。

## （2）被相続人のA社・B社・C社に対する影響力の強さをもって、原則的評価方式を適用すべき「特別な事情」があるといえるか。

### ①税務署側の主張

　A社については被相続人が実質的経営者で長年代表取締役であり、株主総会や取締役会が開催されたことがなく、被相続人が決定したことに株主等が異論を唱えることもなかった。

　B社については定款に定める事業が行われたことがなく、被相続人の持株比率を下げるために設立された法人である。

　C社については実体のない会社であり、株主は被相続人の親族やA社の従業員等の関係者が多数を占めている。

　以上の事情により被相続人は実効支配力を有しており、相続人等は相続によりこの実効支配力を引き継いでいることから、原則的評価方式で評価すべき「特別な事情」があるという趣旨の主張をしました。

### ② 東京地裁の判断

　A社については経営会議や役員会が開催されており、時には従業員から被相続人の意見に対して強い反発がされたこともあったほか、販売・仕入れ等について一定の権限移譲もされており、代表取締役としてあり得る範疇の影響力にとどまる。

　B社については、株式保有を通じて利益を上げようとしており、また株主は自ら出資して株主になっている。またA社株の取得は設立から3年後のことであり、持株比率を下げるために設立されたともいえない。

　C社については、相続開始直前まで保険代理店業を行っており、人事権を活用して具体的な影響力を及ぼしたという事情もない。

　以上の事実により原則的評価方式で評価すべき「特別な事情」はなく、配当還元方式で評価すべきであると判断しました。

事例 19

# 自社株の低額譲渡

　私はＡ社のオーナーであり、当社は比較的規模の大きな会社です。

　現在の持株比率は25％であり、将来的な相続税の評価も高くなるのでいろいろと検討し、関連会社ではあるが同族関係者がいないＢ社に売却することにしました。

　顧問税理士から配当還元価額の75円という安い金額で売却できると聞いたので、11％相当の持株を関連会社に売却しました。その結果持株比率は14％に下がりました。また、買い取るＢ社の資金も何とか調達できました。

　その後、その株式の売却に関する税務調査が行われ、その株式の時価は75円の配当還元価額ではなく2,500円（類似業種比準価額）であるとして更正処分等を受けてしまいました。

　何と低額譲渡に該当するので2,500円で売却したとみなされて大きな追徴税額が出てしまいました。

**失敗のポイント**

　その株式の売却に関する譲渡収入金額を1株当たり75円の配当還元価額で期限内申告しました。

　配当還元価額で申告した理由は、財産評価基本通達188（3）に同族株主のいない会社で議決権割合が15％未満の場合には「同族株主以外の株主」に該当し、その判定はその株式取得後の議決権割合になると思っていたからです。

　しかし税務当局は『所得税基本通達59－6には、その（1）で財産評価基本通達188（1）に定める「同族株主」に該当するかどうかは、株式を譲渡した直前の議決権割合により判定すると規定されている。財産評価基本通達188（2）から（4）には同じような条件は規定されてはいないが財産評価基本通達188（2）から（4）にかかる株主区分も同様の趣旨で、譲渡直前での議決権割合で判定する』という理由で課税されてしまいました。

　つまりA社株式のその譲渡時における時価は類似業種比準価額での2,500円であり、1株当たり75円は2,500円の2分の1に満たないので低額譲渡にあたるとして更正処分等を受けてしまったわけです。

**正しい対応**

(1) 国税不服審判所の考え方

過去の似たような事例があります。それは平成23年9月28日裁決です。

この事案では『所得税基本通達59－6において、財産評価基本通達188を準用する場合については、同通達の(1)に定める「同族株主」に該当するかの判定だけでなく、同通達の(2)から(4)までに定める株主に該当するかの判定についても、株式を譲渡した個人のその譲渡直前の議決権数により判定する旨を定めたものであるから、同様に譲渡直前で判定すると解すべきである』と判断されています。

(2) 東京地裁の考え方

この事案が訴訟になった東京地裁平成29年8月30日判決も同じような判断になっています。

つまり『…譲渡所得の課税の趣旨からすれば、その低額譲渡の判定をする場合の計算の基礎となるその資産の価額は、その資産を譲渡した後の譲受人にとっての価値ではなく、その譲渡直前の元の所有者が所有している状態におけるその譲渡人にとっての価値により評価するのが相

当であるから、財産評価基本通達188(1)〜(4)を適用する場合には、「(株主の)取得した株式」とあるのを「(株主の)有していた株式で譲渡されたもの」と読み替えるのが相当であり、議決権の数も譲渡直前の議決権数によることが相当である』と判示されています。

(3) 東京高裁の考え方
　しかしこの控訴審東京高裁平成30年7月19日判決は納税者の主張を認めました。
　つまり、『低額譲渡に対するは譲渡収入の趣旨は理解できるが、財産評価基本通達188(2)及び(4)には、「株式取得後」と、同(2)から(4)までには「取得した株式」との文言があり、その文理からすると、株式譲渡後の譲受人の議決権割合を述べていることは明らかである。「…その会社の議決権総数の15％未満である場合におけるその株主の取得した株式」に該当するかどうかの判定については、その文言通り、株式の取得者の取得後の議決権割合により判定されるものと解するのが相当である』と東京地裁とは逆の考え方をしています。

[ポイント解説]

東京地裁と東京高裁の考え方の違いは、所得税基本通達59-6とそれに関係する財産評価基本通達188(1)から(4)をどのように理解するかだと思います。

## (1) 趣旨解釈

東京地裁の考え方は、国税不服審判所の考え方と同じでその趣旨解釈からきています。

つまり、財産評価基本通達188(2)から(4)には譲渡前とも譲渡後とも何も書いていないが、低額譲渡における譲渡収入の趣旨からして財産評価基本通達188(1)から(4)を適用する場合には、「(株主の)取得した株式」とあるのを「(株主の)有していた株式で譲渡されたもの」と読み替えるのが相当であり、議決権の数も譲渡直前の議決権数となるということです。

## (2) 文理解釈

一方、東京高裁はあくまでも文理解釈を中心にして理論を整理しています。つまり財産評価基本通達188(2)から(4)までについて何ら触れられていないことからすれば、同(3)の「同族株主のいない会社」に当たるかどうかの判定は、その文言どおり、株式の取得者の取得後の議決権割合により判定されることが相当となります。その結果、この問題となっている譲渡人グループの議決権総数は15％未満にとどまり、同(3)の株式に該当するから配当還元価額により評価すべきであるという結論になっています。

## (3) 最終判断は最高裁で

いずれにしても今（平成30年11月1日現在）この事案は最高裁判所に上

告されています。

　近い将来の最高裁判所の判断が待たれるところです。

（参考文献）
○平成23年9月28日裁決（TAINSコードF0－1－645）
○東京地裁平成29年8月30日判決（TAINSコードZ888－2119）
○東京高裁平成30年7月19日判決（TAINSコードZ888－2198）
○「みなし譲渡課税・取引相場のない株式の時価〜議決権割合の判定時期〜」TAINSメールニュース№380（税法データベース編集室：岩崎　宇多子）
○「東京高裁　株式譲渡は低額譲渡に当たらず」週刊税のしるべ　平成30年8月6日号
○「非上場株式の低額譲渡課税で納税者勝訴の逆転判決」T&A master NO754（2018.9.10）4〜6ページ

# 第3章
# 自社株対策の具体的方法

事例20　自社株対策の必要性
事例21　オーナーに対する退職金の支払い
事例22　節税商品導入による失敗事例
事例23　資産管理会社の設立
事例24　資産管理会社活用の留意点
事例25　従業員持株会の活用
事例26　種類株式等の活用
事例27　投資育成会社による出資
事例28　高収益部門の分社化
事例29　会社分割に際しての留意点
事例30　グループ会社の合併
事例31　M&A後の合併
事例32　後継者の会社への収益物件の移転
事例33　株式保有特定会社の場合の影響
事例34　外国子会社の株式評価
事例35　自己信託の活用
事例36　後継ぎ遺贈型の受益者連続信託
事例37　生命保険を活用した遺留分対策
事例38　金庫株の活用による納税資金対策
事例39　非上場株の物納による納税資金対策
事例40　分散株式への対応
事例41　名義株の整理
事例42　事業承継の際の国外転出時課税
事例43　建設業の事業承継
事例44　医療法人の事業承継

事例 20

# 自社株対策の必要性

私は会社を経営しており、その株式の全てを所有しています。家族を含めた少人数で運営している小規模な会社であり、自分の会社の株式にはたいした価値がないと思っています。自分に万が一のことがあった場合には息子に事業を引き継いでもらう予定でいますが、株式を移転するための対策等は特に行っていません。

**失敗のポイント**

自社株を承継する際には少なからず税負担を伴います。オーナーが自社株の評価額を把握していないと、相続に際して後継者が納税資金を準備できなくなる恐れがあります。「相続税破産」などという事態になれば、相続人のみならず従業員にも影響が及んでしまいます。

> **正しい対応**
>
> ご自分の所有する株式の価値が現在いくらなのかを確認しましょう。また、自社株の評価額だけでなく、その評価方法についても理解を深めておけば、それにより株価を引き下げる対策を練ることができます。

[ポイント解説]

　自社株を承継する際には、少なからず税負担を伴います。そこで、現在の自社株の評価額を把握して、後継者にスムーズに移転する対策を練ることが重要です。

### (1) 自社株は今いくらか

　ご自分の所有する株式が現在いくらかを確認しましょう。

　また、自社株の評価額だけでなく、その評価方法についても理解を深めておくことが重要です。

### (2) 自社株の評価を引き下げるにはどうすればいいか

　評価を通じて会社の状況を把握し、それにより株価を引き下げる対策を練っていきます。ただし、対策の前提として、会社経営に影響の少ないも

のを選択します。

## (3) 自社株対策の流れ

### ①自社株の評価

　自社株対策としてまずはじめに行うことは、自社株を評価することです。評価のルールに従って株価を算定し、現在の自社株の価値を知ることからはじまります。

　具体的には、自社株にどの評価方式が適用されているか、何が原因で評価額が高くなっているか等を把握します。

　類似業種比準価額が高い場合には、比準要素のうちどの要素が影響して高くなっているのか、純資産価額が高い場合には、会社のどの資産に含み益があるのか等の原因を検討していきます。

　自社株を評価した結果想像以上に株価が高く、将来の相続税の納税資金確保に困るオーナーはたくさんいます。まずは自社株の評価額を知り、高い評価額の原因分析を始めましょう。

### ②自社株の評価引き下げ方法の検討

　自社株の相続税評価額は、「1株当たりの評価額」×「所有株式数」で計算されます。

　評価額を下げるアプローチとしては、「1株当たりの評価額」を下げるか、「所有株式数」を減少させるかの2つが考えられます。

　まずは、「1株当たりの評価額」を下げるアプローチをご説明します。

　「1株当たりの評価額」を下げるアプローチには、(イ)評価方式を変更する、(ロ)株価自体を引き下げる、の2つの方法が考えられます。

### (イ) 評価方式を変更する

　　①で評価のルールに従って算定した株価は、原則的評価方式の場合には、会社の規模による会社区分(大会社、中会社、小会社)によって、

類似業種比準価額方式、純資産価額方式、類似業種比準価額方式と純資産価額方式の折衷方式のいずれかによって評価されています。一般的には、含み益がある資産を多く所有する会社は、純資産価額方式による評価額が類似業種比準価額方式による評価額よりも高くなるため、類似業種比準価額方式を用いて評価する比率が高い会社区分へ変更することにより、株式の評価を下げることができます。大会社は類似業種比準価額方式で評価し、中会社や小会社は類似業種比準価額方式と純資産価額方式の折衷方式で評価するため、会社規模を大きくして小会社よりも中会社、中会社よりも大会社へ会社区分を変更することにより株式の評価を下げることができます。

(ロ) 株価自体を引き下げる

　　株価自体を引き下げる場合には、何が原因で評価額が高くなっているのかを分析することが重要です。

　　類似業種比準価額が高い場合には、その算定の根拠となる「1株当たりの年配当額」、「1株当たりの年利益額」、「1株当たりの純資産価額」の引き下げや、類似業種の変更を検討します。

　　純資産価額が高い場合には、役員退職金の支払いや含み損のある資産の売却など会社の純資産価額を下げること等を検討します。

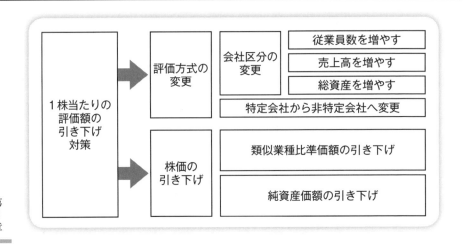

③ 所有株数の移転方法の検討

　上記②の「１株当たりの評価額」を下げる方法を検討する一方で、所有株式数をどのように移転していくかを検討することも自社株対策としては重要です。

　誰に移転するか、どのように移転するかを考えなければなりません。

　移転先が個人であるか、法人であるか、移転方法は贈与であるか、譲渡であるか等の組み合わせで税務上の課税関係が異なりますので注意が必要です。

　一般的に移転先と移転方法の組み合わせは、次のようなものが考えられます。

　＜移転先が個人＞

　　1）後継者への贈与

　　2）後継者への譲渡

　　3）役員・従業員に対する譲渡等

　　4）取引先等の個人に対する譲渡等

＜移転先が法人＞
1) 資産管理会社(持株会社)への株式移転・交換
2) 公益法人へ寄付
3) 第三者の法人へ譲渡等

④**自社株対策の実行**

①から③の準備が済みましたら、実際に自社株対策の実行に移ります。実行にあたっては、租税回避行為として税務上否認されないように慎重に行わなければなりません。

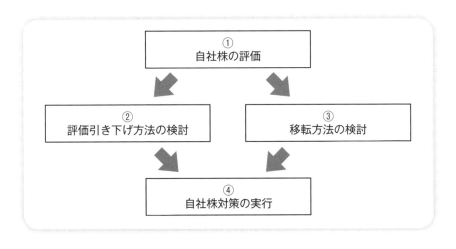

事例 21

# オーナーに対する退職金の支払い

私は自分の会社の社長を務めていますが、そろそろ子供に代表の座を譲ろうと考えています。会社を辞める際には退職金の支給を受け、その後は悠々自適な生活を送るつもりです。会社の代表からは去りますが、子供への株式の移転はまだ先でいいかな、と考えており、生活が落ち着いた段階で株式を譲る計画を立てようと思っています。

**失敗のポイント**

退職金の支給はその支給する会社の株価に大きな影響を与えます。退職金の支給とともに株式の移転を行わないと、低い評価額で株式を移転できる絶好のタイミングを逃してしまう結果となる可能性があります。

> **正しい対応**
>
> 退職金を支給することにより、オーナーの所有する自社株の評価が下がります。退職金支給による株価への影響を考慮し、株価が下がったタイミングで株式の移転を行うことにより、税負担が少なくスムーズな事業承継が行えます。

[ポイント解説]

　オーナーの役員退任に伴い、退職金を支給することで、次のような効果が期待できます。

## (1) 退職金支給による自社株の評価減

　オーナーに退職金を支払うと、会社財産が減るとともに、退職金を支給した事業年度の利益が減少し、自社株の評価も下がります。オーナーの役員在任期間が長いと、支給する退職金も多額になることが多く、自社株の評価額に与える影響も大きくなります。

　自社株の評価が下がったタイミングで、相続時精算課税制度を活用して後継者に自社株を贈与すると、少ない税負担で次世代に株式を移転することができます。

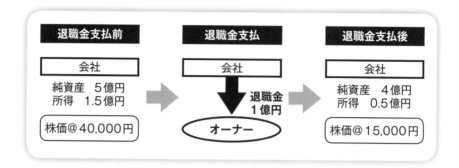

## (2) 退職金に対するオーナーの税負担

　退職金は長年の労働の対価であり、老後の大切な生活資金になります。そのため、税金面で特別な優遇規定が設けられており、税負担は低く、手取り額が大きくなります。具体的な計算は下記設例をご参照ください。

　また勤続年数に応じた退職金の早見表もご活用ください。

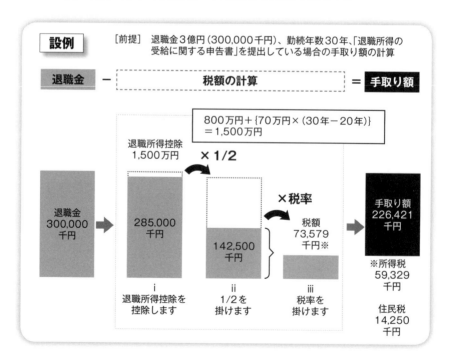

**解説**　退職金を一時金で受け取る場合の税金は、
所得税、住民税ともに下記のように計算します。

$$（退職金 - 退職所得控除） \times 1/2^{※} = 退職所得$$
$$退職所得 \times 税率 = 税額$$

※勤続年数が5年以下の特定役員等に係る退職金については
　1/2課税の適用はありません

**退職所得控除**
・勤続年数20年以下
　　　………40万円 ×（勤続年数）

・勤続年数20年超
　　　………800万円 +｛70万円 ×（勤続年数 - 20年）｝

**税率**

| | 退職所得 | 税率※ | 控除額 |
|---|---|---|---|
| 所得税 | 195万円以下 | 5% | 0円 |
| | 195万円超、330万円以下 | 10% | 97,500円 |
| | 330万円超、695万円以下 | 20% | 427,500円 |
| | 695万円超、900万円以下 | 23% | 636,000円 |
| | 900万円超、1,800万円以下 | 33% | 1,536,000円 |
| | 1,800万円超、4,000万円以下 | 40% | 2,796,000円 |
| | 4,000万円超 | 45% | 4,796,000円 |
| 住民税 | 一律 | 10% | — |

※復興増税の影響については考慮しておりません。

[退職金と税引後の概算手取額の早見表]　　　　　　　　　　（単位：千円）

| 勤続年数<br>退職金 | 10年 | 15年 | 20年 | 25年 | 30年 | 35年 |
|---|---|---|---|---|---|---|
| 10,000 | 9,498 | 9,698 | 9,850 | 10,000 | 10,000 | 10,000 |
| 20,000 | 17,996 | 18,326 | 18,628 | 19,153 | 19,598 | 19,888 |
| 30,000 | 25,946 | 26,376 | 26,806 | 27,559 | 28,161 | 28,703 |
| 40,000 | 33,796 | 34,226 | 34,656 | 35,409 | 36,161 | 36,914 |
| 50,000 | 41,296 | 41,796 | 42,296 | 43,171 | 44,011 | 44,764 |
| 100,000 | 78,396 | 78,946 | 79,496 | 80,458 | 81,421 | 82,383 |
| 200,000 | 150,896 | 151,446 | 151,996 | 152,958 | 153,921 | 154,883 |

## (3) 退職金をいくら支給するか

　法人税で損金にできる退職金は役員が業務に従事した期間、退職の事情、自社と類似規模・同種事業を営む会社の役員に対する退職金の支給の状況等を勘案して決めることとされています。

　その支給額の具体的な算定方式の代表的なものに、功績倍率方式があります。

　また、退職金の支給には内規として退職金の金額、時期及び方法などの支給に関する一定の基準を定めておくことがポイントとなります。

---
**功績倍率方式**

退職金 ＝ 最終月額報酬 × 役員の在籍年数 × 功績倍率（1～3倍程度）

〈設例〉

前提　最終月額報酬が200万円、在籍年数が30年、
　　　役職が代表取締役社長、功績倍率が3倍である場合の
　　　退職金の金額

200万円×30年×3＝1億8千万円

事例 **22**

# 節税商品導入による失敗事例

　私は従業員150人程度の会社で医療機器の製造業を営んでおります。堅実な経営方針が功を奏して、創業以来、会社は順調に利益を重ねてきたのですが、数年前より、役員退職金の原資の積み立てと法人税の節税を兼ねて多額の生命保険に加入しました。その結果、利益についてゼロ以下の状態を継続しております。しかし、ここにきて新製品のプロジェクトが軌道に乗り始め、今後の業績見通しとして、大幅な増益が見込まれることになりました。

　先日、とあるセミナーで、当社のような従業員70人以上のいわゆる大会社については、純資産価額を加味せず、類似業種比準価額のみの計算により自社株を評価することができるため、当期の利益がゼロ以下であれば株価を安く評価できるという話を聞きました。今後、大幅な利益が出ると株価が上昇してしまうので、生命保険により利益がゼロ以下になっているうちに後継者である息子へ株式の移転をすることで、低い評価額になると

考えています。

**失敗のポイント**

過度な利益圧縮の結果、従来より配当を実施していなかった事情と重なり、比準要素数1の会社（純資産価額もゼロ以下の場合には比準要素数ゼロの会社）に該当することになってしまいました。これにより、純資産価額による計算の比重が高くなり、株価が減少するどころか、高騰することになってしまいました。

**正しい対応**

節税型の生命保険やオペレーティングリースなどの導入に際しては、自社株評価の正しい計算方法、特に比準要素数1の会社あるいは比準要素数ゼロの会社の仕組みを理解した上で、計画を立てるべきでしょう。

また、資金繰りへの影響、財務諸表への影響、導入に際しての本質的な意義について十分に検討した上で実施すべきでしょう。

[ポイント解説]

## (1) 自社株の評価方法

　オーナーの保有する自社株評価においては原則的評価方式によることになります（詳細についてはp.52参照）が、このうち、一定規模以上の大会社においては、類似業種比準価額あるいは純資産価額のいずれか有利な方法によって計算されることとなります（詳細についてはp.56参照）。類似業種比準価額は単年度の利益による影響が大きいため、純資産価額に比べてコントロールをしやすいという特徴があります。

　しかしながら、比準要素数1の会社あるいは比準要素数ゼロの会社については、特定会社の株式に該当するものとして、会社の規模にかかわらず、類似業種比準価額の適用に一定の制限がなされる計算方法になります。

## (2) 比準要素数1の会社

　非上場株式の評価の要素である、「1株当たりの配当金額」「1株当たりの利益金額」「1株当たりの純資産価額」のうち、直前期を基準にして計算したいずれか2つがゼロであり、かつ、直前々期を基準にして計算した場合にもいずれか2つ以上がゼロである会社は、「比準要素数1の会社」に該当します。

　比準要素数1の会社に該当した場合の評価額は、会社の規模にかかわらず、純資産価額あるいは純資産価額に75%を乗じた価額と類似業種比準価額に25%を乗じた価額を合計した価額になります。

## [大会社の評価における影響のイメージ図]

### 一般の評価会社

**1株当たり配当の計算**

| 事業年度 | 配当 | 比準要素数1の判定 |
|---|---|---|
| 直前期 | 0 | 0（※1） |
| 直前々期 | 0 | |
| 直前々期の前期 | 0 | 0（※2） |

**1株当たり利益の計算**

| 事業年度 | 利益 | 比準要素数1の判定 |
|---|---|---|
| 直前期 | 100 | 100（※3） |
| 直前々期 | 200 | |
| 直前々期の前期 | 150 | 175（※4） |

**1株当たり純資産価額の計算**

| 事業年度 | 純資産価額 | 比準要素数1の判定 |
|---|---|---|
| 直前期 | 1,060 | 1,060 |
| 直前々期 | 1,000 | 1,000 |

⬇

**類似業種比準価額or純資産価額
（有利選択）**

### 配当、利益がゼロ以下の場合

**1株当たり配当の計算**

| 事業年度 | 配当 | 比準要素数1の判定 |
|---|---|---|
| 直前期 | 0 | 0（※1） |
| 直前々期 | 0 | |
| 直前々期の前期 | 0 | 0（※2） |

**1株当たり利益の計算**

ゼロ以下の場合はゼロ

| 事業年度 | 利益 | 比準要素数1の判定 |
|---|---|---|
| 直前期 | −100 | 0（※3） |
| 直前々期 | 0 | |
| 直前々期の前期 | −50 | 0（※4） |

**1株当たり純資産価額の計算**

| 事業年度 | 純資産価額 | 比準要素数1の判定 |
|---|---|---|
| 直前期 | 900 | 900 |
| 直前々期 | 1,000 | 1,000 |

⬇

**純資産価額 × 75％
＋ 類似業種比準価額 × 25％
or 純資産価額（有利選択）**

（※1）直前期と直前々期の平均値
（※2）直前々期と直前々期の前期の平均値
（※3）直前期の値 or 直前期と直前々期の平均値
（※4）直前々期の値 or 直前々期と直前々期の前期の平均値

## (3) 比準要素数ゼロの会社

非上場株式の評価の要素である、「1株当たりの配当金額」「1株当たりの利益金額」「1株当たりの純資産価額」のいずれもゼロになる会社は、「比準要素数ゼロの会社」に該当します。

比準要素数ゼロの会社に該当した場合の評価額は、会社の規模にかかわらず、純資産価額になります。

[大会社の評価における影響のイメージ図]

**一般の評価会社**

1株当たり**配当**の計算

| 事業年度 | 配当 | 比準要素数ゼロの判定 |
|---|---|---|
| 直前期 | 0 | 0（※1） |
| 直前々期 | 0 | |

1株当たり**利益**の計算

| 事業年度 | 利益 | 比準要素数ゼロの判定 |
|---|---|---|
| 直前期 | 100 | 100（※2） |
| 直前々期 | 200 | |

1株当たり**純資産価額**の計算

| 事業年度 | 純資産価額 | 比準要素数ゼロの判定 |
|---|---|---|
| 直前期 | 1,060 | 1,060 |

**配当、利益、純資産がゼロ以下の場合**

1株当たり**配当**の計算

| 事業年度 | 配当 | 比準要素数ゼロの判定 |
|---|---|---|
| 直前期 | 0 | 0（※1） |
| 直前々期 | 0 | |

ゼロ以下の場合はゼロ

1株当たり**利益**の計算

| 事業年度 | 利益 | 比準要素数ゼロの判定 |
|---|---|---|
| 直前期 | －100 | 0（※2） |
| 直前々期 | 0 | |

ゼロ以下の場合はゼロ

1株当たり**純資産価額**の計算

| 事業年度 | 純資産価額 | 比準要素数ゼロの判定 |
|---|---|---|
| 直前期 | －1,000 | 0 |

| 類似業種比準価額or純資産価額<br>(有利選択) | 純資産価額 |

(※1) 直前期と直前々期の平均値
(※2) 直前期の値 or 直前期と直前々期の平均値

### (4)注意点

　純資産価額方式による評価額は時価純資産価額(相続税評価額)をベースに計算するのに対し、類似業種比準価額の計算と比準要素数の判定については、税務上の簿価純資産価額によることになるという違いがあります。
　保有資産について、税務上の時価が帳簿価額に比べて著しく高いような会社、つまり、含み益が大きい会社については、特に注意が必要になります。

〈事例22〉節税商品導入による失敗事例

事例 23

# 資産管理会社の設立

私は会社の株式の大半を所有していますが、当社は業績が順調に伸びてきており、今後は株価が上昇していくと考えられます。このままだと自分の相続が発生したときに相続税の負担が重くなると思い、早めに子供に株式を移転した方がよいと思っていますが、子供に株式の買取資金がないため、なかなか実行に移せていません。

**失敗のポイント**

将来に向けて株価の上昇が見込まれる場合、早く株式を移転しておくに越したことはありません。株式の移転のタイミングを逃すと、評価額が膨れ上がり、取り返しがつかないこととなりかねません。

> **正しい対応**
>
> オーナーの株式を、子供が設立した資産管理会社に売却します。購入資金がない場合には、金融機関からの借り入れも考えます。売却によりオーナーの相続財産を減らすことができるとともに、株式を法人が所有することにより、将来の株価上昇による影響を抑制することができます。

 ［ポイント解説］

　オーナーの子供が資産管理会社を設立し、その資産管理会社がオーナーの会社の株式を買い取ります。これにより、今後は、子供が会社の株式を資産管理会社を通じて保有することになります。資産管理会社設立の効果はp.132の2つです。

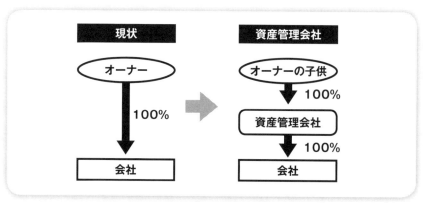

## (1) 資産管理会社設立の効果

### ①将来の株価上昇の抑制

　資産管理会社への株式の移転は譲渡時の時価で行いますが、その後会社が成長した場合、株式移転時の時価から値上がりした部分については、資産管理会社の株式評価の際に37％が減額されます。

　したがって、株式を資産管理会社を通じて保有することで、今後の株価上昇分のうち約4割について、減額することが可能となります。

### ②オーナーの持株数の減少

　資産管理会社に株式を売却することで、オーナーの持株数が減少します。また、資産管理会社の株主を子供とすることで、オーナーの相続財産から自社株を切り離すことができます。

## (2) 資産管理会社の設立方法

　資産管理会社の設立方法としては、①借り入れによる場合と②株式交換による場合があります。①借り入れによる場合には、後継者が設立した資産管理会社が金融機関等から借り入れた資金で、オーナー所有の株式を買い取ります。②株式交換による場合には、後継者が設立した資産管理会社の株式と、オーナーの会社の株式の交換を行います。

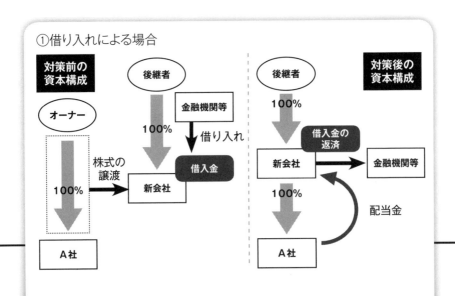

借り入れにより資産管理会社を設立する流れは、以下のようになります。

[対策の流れ（一例）]
Step 1. 後継者が全株式を所有する会社を新たに設立します。
Step 2. 新会社は、金融機関等からの借入金で、オーナーからA社株式を購入します。
Step 3. 新会社は、A社からの配当金を活用して、借入金を返済していきます。

② 株式交換による場合

※持株の比率は、仮の数字となります。

株式交換により資産管理会社を設立する流れは、以下のようになります。

[対策の流れ（一例）]
Step 1. オーナーの後継者が全株式を所有する会社を新たに設立します。
Step 2. オーナー、後継者と新会社は、オーナーと後継者が所有するA社株式と新会社が新規発行する株式を交換します。
Step 3. その後、オーナーから後継者へ新会社の株式を贈与します。

事例24

# 資産管理会社活用の留意点

　私は製造業を営む事業会社Aの代表者です。事業会社Aの株式は全て私が所有しており、後継者である長男にどのように株式を承継したらよいか検討していました。

　そんな折、あるコンサルタントより、後継者が新たに持株会社Bを設立し、持株会社Bが金融機関からの借り入れにより株主である私から株式を買い取ることで、株式を承継する方法を教えてもらいました。

　この方法によると、後継者は持株会社の設立費用程度の資金負担で済み、返済は製造業を営む事業会社Aの配当によってまかなえばよいとのことです。なお100％子会社となった事業会社Aからの配当については、一旦源泉徴収されるものの、後々還付されるため実質的に無税で、満額を返済に充てることができるとの説明でしたので大変気に入り、実行しました。

　さて半年ほど経った後、事業会社Aに余剰資金ができたため、50百万円を配当しました。その際、

源泉税として約10百万円を天引きし、税務署に納めましたが、いずれ持株会社Bに還付されるものと思っていました。

しかし、顧問税理士から決算報告を受けたところ、一部の還付は受けられないとのことでしたので大変驚いています。

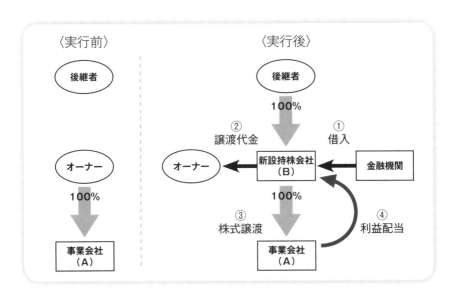

 **失敗のポイント**　今回の失敗事例は、持株会社Bが100%子会社からの配当であればどのような場合でも、実質的に税金はかからないだろうと誤認し、株式を取得して間もない事業会社Aから多額の配当を送金させたところ、いずれ還付されると思っていた配当源泉税が還付されなかったというものです。

株式配当等にかかる源泉所得税については、保有比率の大小は影響しませんが、配当計算期間の期首から期末まで継続して保有している場合以外には、一部還付されないこととなりますので注意が必要です。

**正しい対応**

定期的な少額配当であれば、源泉所得税の一部が還付されなかったとしても、大きな影響が生じないケースがほとんどですが、今回の失敗事例のように政策的な意図をもって多額の配当を行う場合には、株式承継の計画段階から、配当計算期間を意識したスケジューリングが必要です。例えば定期的に中間配当を実施している会社においては、中間配当計算期間の前に譲渡し、中間配当を実施するとともに、下期に臨時に配当を行うことが考えられます。顧問税理士等の専門家に相談の上、慎重な対応が必要です。

### [ポイント解説]

　源泉徴収された配当等に係る所得税額は、株式を所有していた期間に対応する部分の金額が法人税額から控除され、控除しきれない金額があるときは還付されます。計算方法は原則法と簡便法の2つがあり、納税者がいずれか有利な方法を選択の上、適用を受けることができます。

**（1）原則法**

　銘柄・所有期間の月数が異なる株式ごとに下記の算式を適用して計算を行います。

$$\text{源泉徴収された配当等に係る所得税} \times \frac{\text{分母の月数のうち、株式を所有していた期間の月数}}{\text{配当等の計算期間の月数}}$$

**（2）簡便法**

　所得税額控除の適用を受ける全ての株式等について、その銘柄ごとに下記の算式を適用して計算を行います（配当等の計算期間が1年以下のものの場合）。

$$\text{源泉徴収された配当等に係る所得税} \times \frac{A+(B-A)\times\dfrac{1}{2}}{B}$$

A：配当等の計算期間 期首に所有する株式の数

B：配当等の計算期間 期末に所有する株式の数

今回の失敗事例の株式譲渡、配当及び配当計算期間については、以下のとおりでした。

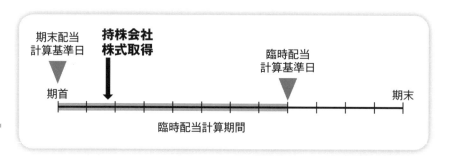

臨時配当の計算期間は8ヶ月であったのに対し、持株会社が保有していたのは7ヶ月であったため、一部控除・還付の対象とすることができなかったというのが失敗の内容です。株式取得が期末配当の計算基準日より前であれば、全額控除・還付の適用を受けられたことから、事前のスケジューリングの大切さを教えてくれる事例でした。

---

## column 5

## その配当に法人税はかかりませんか？

今回の事例では、株式譲渡前後において、父子のいずれかで100％の株式を直接または間接に保有しているため、持株会社Bにおいて受け取った配当金については、法人税が課されない「完全子法人株式等に係る配当等」に該当します。

ただし、株主の一部が非同族役員であったり、そもそも第三者から株式を取得した場合であったりした際には、「完全子法人株式等に係る配当等」に該当するかどうか、所得税額控除の規定とともに注意する必要があります。

MEMO

事例25

# 従業員持株会の活用

私は従業員約30人の会社を経営しており、会社の株式を全部所有しております。将来的には会社を息子に承継させたいと考えておりますが、会社の業績がよく株価が高いため、株式の移転に伴う税金の負担が心配でなかなか実行に移せません。また、万が一私の相続が発生した場合、私の相続財産の大半が自社株になるので、納税面でも心配です。

**失敗のポイント**

業績がよく株価が高い会社の場合には、早めに自社株の評価引き下げ対策を検討しましょう。そのまま何も対策を行わないでいると、自社株の評価額がますます高くなり、株式移転が困難になるばかりか、相続が発生した場合には、相続人だけでなく会社の従業員にも影響を及ぼします。

> **正しい対応**
>
> ある程度の従業員がいる会社であれば、従業員持株会を活用した事業承継対策を検討してみましょう。従業員持株会に自社株を譲渡することにより、オーナー所有の自社株数が減少し、オーナーの相続財産を減らすことが可能になります。

［ポイント解説］

　オーナー所有の株式を従業員持株会に譲渡することで、次のような効果が期待できます。

## (1) オーナーの相続財産の減少

　従業員持株会制度とは、福利厚生を目的として、従業員が自社株を取得・保有する制度をいいます。非上場会社が、この制度を導入する大きな理由として、オーナーの相続対策が挙げられます。

　オーナーの所有する自社株は、原則的評価方式により高く評価され、相続税が高額になる可能性があります。そこで、従業員持株会を設立し、自社株を譲渡すれば、オーナーの持株数は減少します。そして、従業員に自社株を譲渡する際は、配当還元価額による移動が可能であるため、従業員持株会に自社株を譲渡することで、オーナーの相続財産は減少します。

## (2) 安定株主の確保と社外流出防止

　従業員は、一般的に会社にとって安定株主として期待できることから、従業員持株会には安定株主の確保というメリットもあります。また、従業員が退職する場合には従業員持株会規約においてそれを買い取る旨を規定することができるため、自社株の社外流出を防止できます。

## (3) 従業員の福利厚生

　従業員持株会は、従業員のモチベーションを上げる効果もあります。従業員自身の頑張りにより、会社の業績が伸びれば、配当金という形で自分に見返りがあるためです。従業員持株会にはこのような福利厚生としての一面があります。

　しかし、その反面、株主が増えることにより会社の経営に支障をきたす恐れがあります。この対策として、オーナーが従業員持株会に自社株を譲渡する際には、経営に影響が出ないように、譲渡する自社株を「配当優先・無議決権株式」などにするとよいでしょう。

## (4) 具体例

　右の設例では、当初、オーナーの所有株式数は30,000株、評価額は3億円（1株10,000円）でした。ここで、オーナーの所有する株式の一部である3,000株を譲渡価額1,000円（配当還元価額）で従業員持株会へ譲渡します。その結果、オーナーの持株数は27,000株に減少し、評価額も2.7億円（1株10,000円）に減少します。また、オーナーの相続財産も2.73億円（2.7億円＋300万円）に減少します。

　これによりオーナーの相続財産が減少し、相続対策となります。

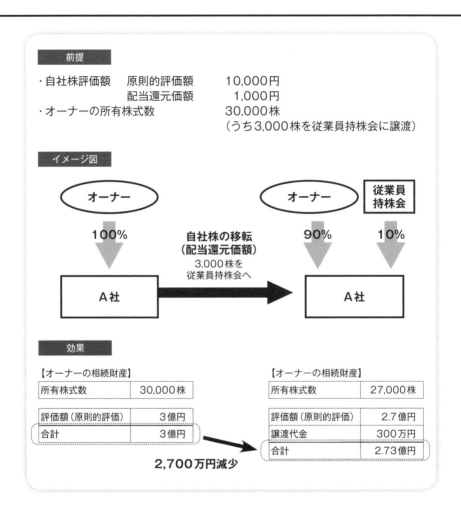

### (5) 従業員持株会の設立のポイント

　従業員持株会は、非上場会社が自由に設立することができますが、実際の運営は従業員持株会の規約によって行われます。以下のような点については、従業員持株会の規約で定めておく必要があります。

①従業員持株会は、民法上の組合形態として、従業員が直接の株主にならないようにする。
②株主総会での議決権の行使は、理事長に一任する。
③従業員持株会からの株式の引き出しはできない。
④従業員の退職時の買取価額や算定方法を明確にする。　　など

---

column 6

# 自社株贈与の注意点

　自社株贈与と聞いてまず思い浮かぶのは何でしょうか？　多くの方はおそらく会社の"事業承継"を思い浮かべるのではないでしょうか？　つまり、会社オーナーの親が子供に会社を継がせるために生前に自社株を贈与するケースです。
　その"事業承継"を踏まえた自社株贈与のポイントをお話ししたいと思います。

**(1) 自社株は分散させない**
　現金贈与の場合、その贈与に使途がある場合もありますが、それ以外は相続税対策のために行うのが一般的です。その場合、より複数の子や孫に現金をあげてなるべく贈与税の負担が軽減されるようにします。不動産贈与の場合にも共有はなるべく避けるべきですが基本的には目的は一緒です。しかし、自社株には現金や不動産とは大きく異なる性格があります。自社株の贈与は会社の事業承継の位置づけがありますので、贈与を受けた子供は後継者として会社を継続・発展させなければなりません。そのためには後継者に意思決定権である自社株をより多く集中する必要があります。子供は皆可愛いのはわかりますが、他の兄弟に分散させてしまうと、その兄弟の相続によって甥や姪などに自社株が分散してしまい、将来、後継者である子供が買い集めるのに苦労するということにもなりかねませんので避けるべきです。自社株贈与は相続税の観点と議決権を後継者へ集中するという観点の両輪で対策を進めるべきであるといえます。

**(2) 贈与するタイミングを誤らない**
　父と息子のように親子間の贈与の場合、その移転コストは低いに越したことはありません。通常はできるだけ低い贈与税で子供に贈与したいと考えるのが当たり前です。しかし、自社株の場合一つ間違えるとその贈与税が多額に生じてしまうことがあるので要注意です。自社株は上場株式のように市場価格がありませんので、評価をする必要があります。評価の細かい話は割愛しますが、その評価は会社の業績に大きく左右されます。

具体的には贈与日の直前の決算業績をもとに株価が計算され、その業績がよければ株価は高くなりますし、悪ければ株価は低くなる傾向にあります。したがって、贈与税を低く抑えるためには、会社の業績が悪いとき、ないしは退職金の支給や含み損を抱える不動産の売却などの理由で利益が低くなったときが自社株を贈与するチャンスです。
　一つ例を用いて説明してみましょう。
　A社のX1年3月期は業績不調で1株当たりの株価は1,000円、しかし、X2年3月期は業績が回復し1株当たり3,000円の見込みです。
　この場合、X2年3月31日までに贈与されれば株価は1,000円なのに対し、同年4月1日以降に贈与された場合は3,000円の株価になります。つまり、期をまたぐとたった1日で贈与の株価は3倍にも跳ね上がってしまうことになるのです。したがって必ず贈与する時期を見誤らないよう注意しましょう。さらに、相続時精算課税制度を利用することによって、株価が低い時期に贈与すれば、相続時に株価が上昇していたとしても贈与時の低い価額で相続財産に取り込むことができるので、あわせて活用することをおすすめします。

### (3) 贈与の証拠をしっかり残す

　例えば上記の例で贈与のタイミングを見誤ることなくX2年3月31日に贈与ができたとします。この場合その贈与日の客観的な証明をどのように行いますか？　現金であればお金を振り込めば通帳に記録されます。不動産であれば登記によって記録が残ります。自社株の場合はどうでしょうか？
　ほとんどの非上場会社は、譲渡制限が付されており、取締役会等の一定の手続きを経なければ勝手に自社株を贈与することができませんし、それらの書類は会社として作成する必要があります。また、株主名簿も変更するでしょう。そういう意味では一見十分に客観的な記録を残しているといえます。しかし、それだけでは問題とまではならないもののもう一工夫あるとよいと思います。それは贈与契約書の作成は当然として、そこにX2年3月31日付の確定日付を取ることです。なぜかというと、ファミリーで経営を行っている会社の場合、これらの書類は主観的に作成ができてしまうため、書類の存在証明となる確定日付を取得することで贈与の事実を明確にすることができるからです。

### (4) 納税資金が必要

　最後に、不動産贈与と同様に自社株には一般的に換金性がありませんので、贈与税の納税資金をどう確保するかの検討が必要になってきます。

　以上、対策は早いに越したことはないと思います。後継者が決まっているのであれば早速、自社株の贈与を検討・実行し、円滑な事業承継を目指しましょう。

事例 26

# 種類株式等の活用

　私は、兄弟3人で親から引き継いだA社を経営しております。A社の株主構成は、長男である私が34％、他の兄弟がそれぞれ33％ずつ保有しております。株式はそれぞれ3人で保有しておりますが、亡くなった父は生前から私に会社の経営を引き継いでほしいと言っており、代表者は私となっております。

　しかし、先日会社の経営方針をめぐり兄弟と意見が食い違い、私と兄弟との関係が悪化してしまいました。私の保有割合は34％、他の兄弟2人は合計で66％であり、今後の会社の経営に不安を感じております。

父は、将来の会社経営を長男に任せるつもりでいたにもかかわらず、相続させる株式に何も対策をしておりませんでした。兄弟は親がいなくなると兄弟間の人間関係を調整してくれる人がいないため、一度仲たがいをすると、関係を修復することが困難となる場合があります。

　種類株式を活用することによって、議決権に制限を加えることなど、株式に特徴をつけることが可能となります。

　その一つとして、後継者とならない長男以外が相続する株式を配当優先・無議決権株式にしておくことが考えられます。これは、議決権がない代わりに、配当金を優先して受け取る権利のある株式です。

　また、その他の方法として、長男の相続する株式を拒否権付種類株式（いわゆる黄金株）とすると、将来長男に不利となるような事柄が発生したとしても、長男はそれを拒否することができます。

〈事例26〉種類株式等の活用

## [ポイント解説]

### (1) 種類株式とは

株式会社は、下記に掲げるような内容の異なる種類の株式を発行することができ、このような種類の違う株式を種類株式といいます。また、内容の異なる2以上の種類の株式を発行する株式会社のことを種類株式発行会社といいます。

| | 種類株式 | ポイント | 活用事例 |
|---|---|---|---|
| 1 | 譲渡制限株式 | その株式の譲渡による取得について会社の承認が必要であるように定めることができる | ・株式の分散化防止 |
| 2 | 取得条項付株式 | ある株式を、一定の事由が生じたときに会社が株主に株式売渡請求をすることができる株式とすることができる | ・従業員株主の退社、株主の死亡による株式の分散化防止・敵対的買収を防ぐ |
| 3 | 全部取得条項付株式 | 会社が株主総会の決議によりその全部を取得することができる | ・種類株式への内容入替（強制取得＋種類株式発行） |
| 4 | 議決権制限株式 | 一定の事項についてのみ決議に参加できる株式を定めることができる（無議決権化も可能） | ・経営権を集中させる |
| 5 | 拒否権付種類株式（黄金株） | 株主総会・取締役会で決議すべき事項で、これらの決議の他、拒否権をつけた株式の株主総会の決議が必要とすることができる | ・会社の決定事項の最終決定権を後継者に集中させる |
| 6 | 役員選任権付株式 | 取締役または監査役の選任権を特定の株式に付与することができる | ・取締役及び監査役の選任権を後継者に集中させる |
| 7 | 取得請求権付株式 | 株主が会社に株式の買い取りをするよう請求することができる権利を付けられる | |
| 8 | （剰余金の）配当優先株式・劣後株式 | 配当金を多く出す株式・少なく出す株式を決めることができる | ・権利が劣後する株式を保有させるためのインセンティブとして |
| 9 | （残余財産の）分配優先株式・劣後株式 | 解散時の残余財産を多く出す株式・少なく出す株式を決めることができる | |

## (2) 種類株式の活用

### ①配当優先・無議決権株式の活用

　会社法では、非公開会社において、発行制限なしに配当優先・無議決権株式を発行できます。このような株式を発行するためには、株主総会の特別決議[*]により、その内容を定款に定める必要があります。

（＊）特別決議…議決権の過半数を有する株主が出席し、出席株主の議決権の３分の２以上により決議されます。

［配当優先・無議決権株式の活用例］

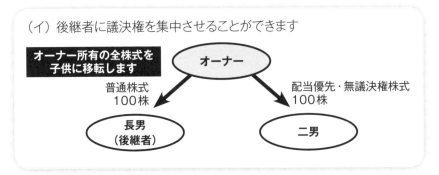

（イ）後継者に議決権を集中させることができます

・後継者である長男は議決権を100％保有し、会社の実権を握ることができます。
・二男は、議決権がない代わりに配当を優先的に受けることができるため、不満を抑えられます。

（ロ）従業員持株会の株式を配当優先・無議決権株式に変更します

| | 議決権割合 | | | 議決権割合 |
|---|---|---|---|---|
| 社長ご一族 | 49％ | → | 社長ご一族 | 82％ |
| 役員持株会 | 11％ | | 役員持株会 | 18％ |
| 従業員持株会 | 40％ | | 配当優先・無議決権株式 | 0％ |
| 合計 | 100％ | | 合計 | 100％ |

・結果として、オーナーの議決権割合が３分の２を超えることになります。

(注)既存の株式の一部を変更する際には、株主総会の特別決議に加え、全株主の同意が必要となります。

②黄金株の活用

　黄金株とは、株主総会や取締役会の決議事項に対して、一定の拒否権が認められた種類株式です。なお強大な力を持った株式であるため、活用には、一定の配慮を必要とする場合もあります(p.159 コラム7参照)。

［黄金株の活用例］

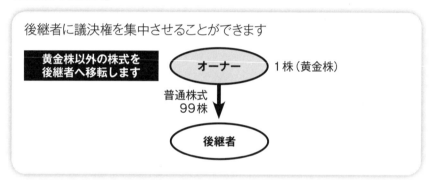

### (3)種類株式の発行手続き

　種類株式を発行するには非公開会社の場合、上記のように、原則として株主総会の特別決議が必要となります。

　種類株式の導入・変更は定款変更を行うことが必要となります。また、発行可能種類株式総数及び発行する種類株式の内容は、登記事項となっております。

### (4) 相続人などに対する売渡請求権の活用

　相続や合併などにより、その会社の譲渡制限株式を取得した者に対し、その株式を、発行会社に売り渡すことを請求する旨を定款で定めることができます。

この制度の対象となる株式は、譲渡制限株式に限られています。また、この制度では他の株主の売主追加請求権は原則として認められません。これにより、オーナー一族以外の相続人が株式を相続した場合であっても、会社は自社株を取得することができ、株式が分散されることを防ぐことができます。

【注意点】

①**売渡請求期限**

　相続等があったことを知った日から1年以内に、株主総会の特別決議を経て請求する必要があります。

②**売買価格**

　売買価格は当事者間の協議によりますが、不調の場合には売渡請求日から20日以内に限り、裁判所に価格決定の申し立てができます。

③**財源規制**

　分配可能額を超える買い取りはできません。

［相続人などに対する売渡請求権の活用例］

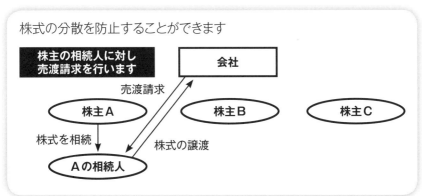

・事業運営上好ましくない者への株式の移転を防止し、経営を安定させることができます。

事例 27

# 投資育成会社による出資

　私は、ハイテクメーカーの創業者(株式保有割合40％、他は従業員持株会が30％保有、残りは複数の取引先)です。現在は、経営については直接参画せず、同族関係者以外の者に会社運営を任せてはおりますが、株主の立場で、会社を見守っております。

　最近、私の年齢のこともあり、保有している株式を家族に承継させたいと考え、顧問税理士に株式の評価額を計算してもらったところ、あまりにも多額の評価額となり、承継する家族の納税資金確保に不安を持つようになりました。

　そこで、中小企業投資育成株式会社(以下、「投資育成会社」という)を利用し、投資育成会社を引受先とする第三者割当増資を行い、自社株の評価額を下げることに成功しました。

**失敗のポイント**
持株関係が変わることを見落としてしまい、私の株式の保有割合が下がってしまいました。

**正しい対応**
投資育成会社を利用して自社株評価を下げる方法は、相続税・贈与税対策としては有効なケースですが、あくまでも「増資」ですので、支配権を維持したまま事業承継対策を考える場合には、株式を無議決権株式にする、引受株式数を制限するなど、保有割合の変化による支配関係のバランスを確認する必要があります。

[ポイント解説]

### (1) 中小企業投資育成株式会社

投資育成会社は、昭和38年に「中小企業投資育成株式会社法」という法律に基づき中小企業の自己資本の充実促進と、健全な成長発展を図るために中小企業に対する投資事業を行う目的で設立され、現在は東京、名古屋、大阪に3社あります。

投資育成会社の業務には、株式等の引き受けをする「投資業務」と株式公開支援、経営相談等の「育成業務」があり、現在の投資実績は、3社累計で4,969社、2,318億円（平成27年3月末現在）となっています。

### (2) 投資対象企業

原則として資本金3億円以下の企業です（一部例外もあります）。業種は限定していません。

### (3) 投資育成会社利用による事業承継上のメリット

投資育成会社が株式の引き受けをする場合には、引受価額が問題になりますが、その価額は、下記の算式により計算され、国税庁において税務上、適正額であると認められています。

一般的には、下記の算式による評価額は、相続税の原則的評価方式による評価額よりも低く評価されます。

よって、次の例のとおり投資育成会社による増資を行った場合には、株主の持株比率が下がることで、株主の所有する株式評価額を下げることができます。

$$評価額 = \frac{1株当たりの予想純利益 \times 配当性向}{期待利回り}$$

[例] 原則的評価方式が純資産価額による評価の場合

また、投資育成会社は経済産業省所管の政策実施機関として、投資先の経営の自主性を尊重する姿勢をとっていますので、経営権の安定を維持したまま、次世代への事業承継を可能としています。ただし、投資後は、定時株主総会の実施や決算内容の説明、また安定的な配当を期待する点等は留意する必要があります。

事例 28

# 高収益部門の分社化

　私は食品の製造・販売及び不動産賃貸を行っている会社を経営しており、その株式の全てを所有しています。最近、顧問税理士に会社の株価を試算してもらったところ、食品の製造・販売事業で高収益をあげているため、株価が想像以上に高くなっていました。将来的には会社を息子に承継させたいと漠然と考えていましたが、このままでは息子に相続税の負担が重くのしかかってきます。

**失敗のポイント**

　オーナーが会社の収益をあげればあげるほど、自社株の評価額は高くなります。自社株の評価引き下げ対策を行わないまま、オーナーからの相続が発生しますと、相続税の負担が大きくなり、納税資金の確保が困難になる可能性があります。

> **正しい対応**
>
> ご自分の所有する株式の価値が現在いくらなのかを常に把握しましょう。特に高収益部門がある会社の場合には、自社株の評価額は高くなります。株価を把握することにより、高収益部門の分社化など、事前に自社株の評価引き下げ対策を行うことが可能になります。

[ポイント解説]

　会社の事業のうち高収益部門を分社化することで、次のような効果が期待できます。

---

### (1)高収益部門を後継者の会社に事業譲渡する場合

　後継者が新会社を設立し、そこに、高収益部門である製造・販売部門を事業譲渡します。

　この結果、事業譲渡後は、後継者の会社（新設会社）の株価は上昇しますが、オーナー所有の会社（A社）の株価は低く評価できます。

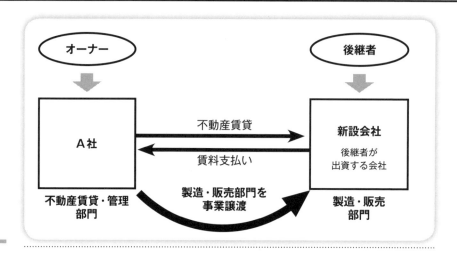

## (2) 高収益部門を会社分割により子会社化する場合

100%子会社を新設すると同時に、高収益部門である製造・販売部門を、その子会社に移転します。この会社分割により、現在のA社は、本業を行う新設子会社の持株会社となります。

この結果、新設子会社の株価は上昇しますが、親会社であるA社の株価は低く評価できます。

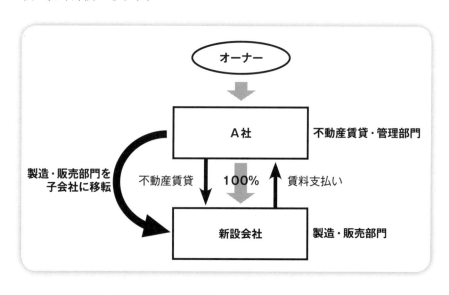

## column 7

## 黄金株の行方

　ある会社のオーナー Aは、議決権の大部分（90％）を所有していましたが、このままでは、自分に万一のことがあった場合、相続税の負担が高額になることから、株価が大幅に下がったタイミングでその大部分の株式を後継者Bに贈与しました。

　株式の大部分を贈与したとはいえ、自分の目の黒いうちは、会社経営の実権を握りたいというオーナー Aの意向もあって、株式の贈与と引き換えに、オーナー Aの株式のうち1株を「拒否権付種類株式」に変更しました。

　その後、月日は流れ、オーナー Aの相続が発生しました。

　その際、後継者Bは、生前に多額の株式の贈与を受けていたため、遺留分の関係から、オーナー Aの相続財産を一切相続しませんでした（「拒否権付種類株式」の存在をすっかり忘れていました）。

　遺産分割が終わり、相続税の申告も終わった頃、後継者Bは、オーナー Aの相続財産の中に「拒否権付種類株式」が含まれていることを思い出しました。

　後継者Bは、急いで「拒否権付種類株式」を承継した相続人Cに、その株式を会社に売り渡すよう要求しました。

　「拒否権付種類株式」を承継した相続人Cは、株式を手放すことにはすんなりと同意をしたのですが、その際の買取価額について、普通株式の評価額に相当のプレミアムを付けた価額（普通株式の10倍の価額）でなければ譲渡はしないと主張してきました。

　後継者Bは、この件について顧問の先生等に相談しましたが、今後の会社経営のことも考え、「拒否権付種類株式」を承継した相続人Cが主張する価額で渋々買い取ることとしました。

　後継者Bのちょっとした不注意で、会社としては、多額のキャッシュアウトを余儀なくされました。

　「拒否権付種類株式」とは、この株式を所有する者の承認がなければ、株主総会決議が成立しないという強大な力を持った株式です。

　会社の経営に関与していない人間の手に渡ってしまった場合、経営陣はスムーズな会社経営を行うことができなくなってしまいます。

　そのため、このような強大な力を持った株式を発行する、または既存の株式をこの株式に変更する際には、必ず取得条項を付けておくことをおすすめします。

事例 29

# 会社分割に際しての留意点

　私はＡ社の株式を100％所有するオーナーです。Ａ社は水産加工製造業を営んでおり、自社倉庫などの賃貸不動産の貸出業も行っています。私には２人の息子がおり、長男は製造部門の責任者、二男は不動産賃貸部門の責任者です。将来的な事業承継を考え、不動産賃貸業を行うＢ社を設立することとしました。水産加工製造業を行うＡ社の代表取締役社長に長男、不動産賃貸業を行うＢ社の代表取締役社長に二男を据えることとし、会社分割を行いました。

　顧問税理士には、税制適格分割に該当するため、移転資産の含み益に対する法人税の課税はないと聞いていたため、安心していました。

　ところが、倉庫、賃貸不動産をＢ社に移転した際に、登録免許税・不動産取得税が課され、法人税の納税はなかったものの、多額の納税が必要となってしまいました。

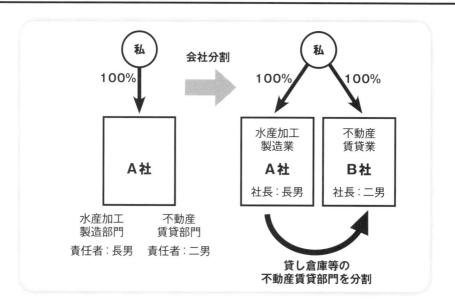

### 失敗のポイント

登録免許税や不動産取得税などを考慮せずに会社分割を実行してしまいました。

### 正しい対応

　税制適格か非適格かによる法人税の課税だけでなく、その他の税金も考慮した上で、意思決定しましょう。今回のケースでは不動産賃貸業を残し、水産加工製造業を分割承継法人に移した場合の税金負担等を検証すべきでした。

　さらに、水産加工製造業は許認可事業であるため、許認可が引き継げるかどうかも

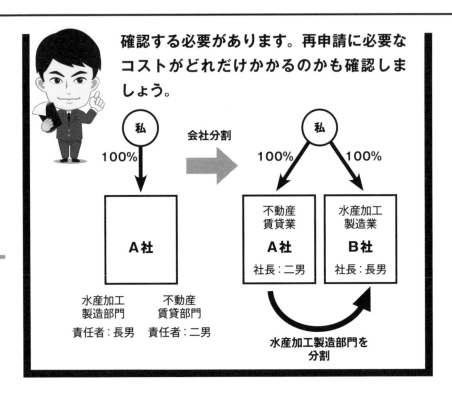

確認する必要があります。再申請に必要なコストがどれだけかかるのかも確認しましょう。

[ポイント解説]

　組織再編により、不動産を移転する際は、登録免許税や不動産取得税がかかり、コストが高くなる可能性があります。

〈登録免許税〉
　・一般の売買にかかる所有権移転登記
　　　土地　固定資産税評価額×2％（平成31年3月31日まで1.5％）
　　　建物　固定資産税評価額×2％
　・合併により取得した所有権移転登記
　　　土地　固定資産税評価額×0.4％

建物　　固定資産税評価額×0.4%
・会社分割による所有権移転登記
　　土地　　固定資産税評価額×2%
　　建物　　固定資産税評価額×2%

〈不動産取得税〉

　　土地　　　　　　固定資産税評価額×3%
　　建物（住宅以外）　固定資産税評価額×4%

※分割の場合は以下の要件を満たせば不動産取得税は非課税となります。
　①分割の対価として分割承継法人株式以外の資産が交付されないこと
　②分割型分割の場合、分割承継法人の株式が、分割法人の株主等の有する分割法人の株式数に応じて交付されていること
　③分割により、分割事業に係る主要な資産や負債が移転すること
　④分割事業が分割承継法人において引き続き営まれること
　⑤事業に係る従業員のうち、おおむね、80%以上の者が分割承継法人へ移転すること


〈資本金に係る登録免許税〉

・株式会社の設立　　資本金の額の0.7%（最低15万円）
・新設合併による株式会社の設立　　資本金の額の0.15%（消滅会社の資本金の額を超える部分は0.7%）（最低3万円）
・吸収合併による株式会社の資本金の増加　　増加資本金の額の0.15%（消滅会社の資本金の額を超える部分は0.7%）（最低3万円）
・新設分割による株式会社の設立　　資本金の額の0.7%（最低3万円）
・吸収分割による株式会社の資本金の増加　　増加資本金の0.7%（最低3万円）

事例 30

# グループ会社の合併

　私は飲食業のＡ社、ホテル業のＢ社及び不動産賃貸業のＣ社の経営者です。Ａ社は高級食材の割にリーズナブルなメニューがお客様の心を掴み好業績、社歴が長く利益の蓄積により純資産が厚く、逆にＢ社は最近業績が振るわずここ数年債務超過の状態です。また、Ｃ社は主に両社に不動産を賃貸していますが、一等地に土地を所有しているため、それが会社の株価を高く押し上げているようです。Ｂ社はともかく、Ａ社とＣ社の株価は高く、将来の相続税が心配です。ちなみに３社の株式評価上の会社規模は、Ａ社（中会社の中、従業員数40人）、Ｂ社（中会社の小、従業員数25人）、Ｃ社（小会社、従業員数６人）という状況です。組織こそ違いますが、３社は私の管理のもと密接に関わっていて１つの会社の事業部のような感じです。また、今後３社間の経営の効率アップは欠かせないと考えています。

**失敗のポイント**

　A社、C社のそれぞれの会社の規模が、中会社または小会社に該当しています。そのため、株式評価上、一般的に類似業種比準価額よりも高いといわれている純資産価額が採用されており、A社の過去の利益の蓄積やC社の土地の評価が株価に直接的に反映されて、結果として株価が高く評価されています。また、B社は債務超過ということですが、債務超過であってもマイナスの評価ということはなく、その場合の株式評価額は"ゼロ"ということになり、A社とC社の評価と相殺することはできません。

**正しい対応**

　3社が密接に関わっていて、経営管理上の問題がないこと、また、経営の効率アップということも視野に入れているのであれば、積極的にグループ3社を合併することが考えられます。3社の合併（A社がB社とC社を吸収合併）により、従業員数が70人以上になるため、株式評価上の会社の規模は、大会社となり、原則として類似業種比準価額により評価することができます。すなわち、3社の配当・利益・簿価純資産価額の要素により評価が行われるため、結果として株価が低くなる可能性があります。

[ポイント解説]

グループ会社の合併を行うことにより、次のような効果が期待できます。

**(1)会社経営上のメリット**
①企業規模、業界シェアの拡大
②グループ全体の財務体質の改善(債務超過の解消)
③事業を統合することによる経営効率の上昇
④重複経費の削減による利益改善
⑤グループ会社間における債権債務の解消

なお、合併にあたっては、合併後の経営管理の統一化において、社員の給与体系や評価基準、各事業部の役割設定など事前の準備が必要になります。

**(2)株式評価上のメリット**
①会社規模の拡大による類似業種比準価額の採用

合併により、株式評価上の会社規模の判定基準(事例9参照)である、総資産価額、従業員数、取引金額についてそれぞれの上昇が期待できるため、同時に一般的に純資産価額よりも低いとされる類似業種比準価額の採用が期待されます。今回のケースでは、3社の合併により、従業員数が40人(A社)＋25人(B社)＋6人(C社)の合計71人となり、従業員数70人以上になるため、大会社として類似業種比準価額を採用することができます。なお、純資産価額が類似業種比準価額を下回った場合は、純資産価額を採用することができます。

ただし、合併の前後において会社実態に変化がある場合には、類似業種比準価額が採用できないこともありますので、合併直後の株式の移動につ

いては、注意が必要です。

②業績不振会社や債務超過会社の吸収による利益の相殺または純資産の減少

　利益があがらず業績不振の会社であっても、今後の事業計画上、整理できない場合に合併することがあります。この場合、吸収される会社の利益と合併する会社の利益（所得）とが相殺されるため、結果的として評価が低くなる可能性があります。

　また、債務超過会社を吸収する場合も同様に、合併により両社の純資産価額が相殺されることにより、結果として株式の評価減が期待できます。

　今回のケースは、B社を吸収合併することで、B社の債務超過が解消するのと同時にA社とC社との純資産価額が相殺され、結果として株式の評価額を引き下げられます。

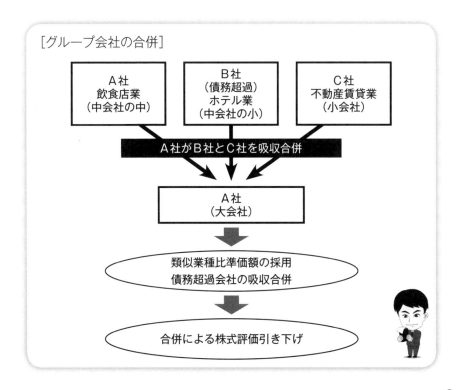

事例 31

# M&A後の合併

　当社は小売業を営んでいます。業歴が長く、これまで効率的な経営をしてきたため純資産が非常に厚くなっています。それに伴って自社株の評価額も高くなっており、相続税の納税資金を準備できるかどうか心配していました。

　そんな折に、会社規模を大きくすることで自社株の評価額が下がる、と聞きました。ちょうどM&Aで会社を買わないか、という話が持ちかけられていたこともあり、買収した会社を当社と合併させました。

　買収した会社は当社が扱う商品の卸売りをしている会社であり、合併後は卸売業の売り上げが小売業の売り上げを上回り、直接メーカーから仕入れることができるようになったため価格競争力もつき利益も順調に伸びてきました。

　合併から1年後、以前より体調が思わしくなかった父が他界し、父が所有していた株式を私が相続することになりました。

**失敗のポイント**

合併によって類似業種が小売業から卸売業に変更し、合併後2〜3年間は類似業種比準価額を使うことができないため純資産価額のみで評価することとなり、自社株の相続税評価額は合併前よりも高くなってしまいました。

**正しい対応**

合併によって会社規模が大きくなったり業種が変わったりする場合には、類似業種比準価額を使えなくなる期間があることを考慮して合併の時期を検討します。

［ポイント解説］

　合併後に自社株評価を行う場合において、類似業種比準価額を使うことができるかどうかは、個々の事例により異なりますが、一般的には下記のように整理されています。

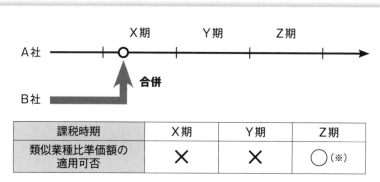

　合併により会社規模が大きくなる場合や、業種が変わるような場合には、類似業種比準価額を使うことができるかどうか慎重に判断する必要があります。

　例えば、もともと小売業を営んでいた会社が卸売業を営む会社を合併したことにより、卸売業の売り上げが全体の50％超となった場合、一定期間、類似業種比準価額の使用は制限されます。

　また、合併をしない場合でも、現在の業種とは違う業種区分の新規事業を開始し、新規事業の売り上げの方が大きくなった場合には、合併と同様に類似業種比準価額を使うことができないと判断されることがあるため、注意が必要です。

MEMO

事例 32

# 後継者の会社への収益物件の移転

私（甲）は不動産管理会社A社を経営しており、株式も100％保有しています。私が元気なうちに後継者である息子（乙）に承継していこうと思っています。しかし、A社株式は株価が高額のため、A社の数ある物件の中で高収益であるX（時価10億円、簿価1億円）を先行して移転しようと検討しておりました。

息子は100％株式を保有する不動産管理会社B社を経営しております。私が経営するA社と息子が経営するB社は100％グループ内法人に当たると聞いたことがありました。グループ法人間であれば課税がないと聞いておりましたので、高収益物件Xを簿価の1億円でB社に売却しました。

失敗の
ポイント

後継者へ資産を移転する場合には、移転コストを低く抑えることが課題となります。グループ法人税制を利用して税金コストを抑えて移転しようとする

ことは狙いとしてはよかったかもしれません。しかし、100％グループ内の法人間の寄付金については「法人による完全支配関係（内国法人のみ）」がある場合に限定されています。今回のように時価よりも低額で譲渡する場合でも寄付金の規定が適用されますので、B社において時価10億円と1億円（簿価＝売却価額）の差額9億円が受贈益として課税されることになります。

**正しい対応**

息子さんが100％保有する不動産管理会社B社に高収益物件Xを時価で売却していればグループ法人税制を活用することができました。グループ法人税制を適用できていればA社で発生する譲渡益9億円（時価10億円－簿価1億円）への課税は繰り延べることができます。

また、上記取り引きの結果、高収益物件が息子さんの会社であるB社に移転することにより、A社において所得金額が減少し、純資産の増加が緩やかになります。一方、B社において所得金額が増加し、純資産も増加していきます。そのため、将来のA社の株価は下落し、B社の株価が上昇すると考えられます。

〈事例32〉後継者の会社への収益物件の移転

[ポイント解説]

## (1) グループ法人税制の概要
### ①制度の趣旨
　近年、大企業だけでなく中小企業においてもグループ経営が積極的に行われています。新規事業の展開、取引先の要請への対応、事業承継の円滑化、事業責任明確化のための事業部門の分社化などのために、100％子会社の設立・取得が多くなっています。

　関連する複数の会社を1つのグループと見たときに、複数の会社でグループ経営を行っている会社と1つの会社の内部で事業部をいくつか設置している会社とで、経済的な実態に変わりがないとすると、それぞれの課税関係が異なるのは、課税の公平性・中立性が確保されているとはいえません。

　そこで、グループ内取引やグループ法人の位置づけについて、グループ経営の実態を反映させることを目的として、グループ法人税制（グループ法人単体課税制度）が平成22年度税制改正において、創設されました。

### ②グループ法人税制
　グループ法人税制では、以下のようなグループ内の法人間の取り引きについて、一定の規定を設けています。

> ①100％グループ内の法人間の資産の譲渡等
> ②100％グループ内の法人間の寄付
> ③100％グループ内の法人からの受取配当
> ④100％グループ内の法人からの現物配当
> ⑤100％グループ内の法人の株式の発行法人への譲渡等

## (2) 100％グループ内法人とは

100％グループ内法人とは以下のような関係をいいます。

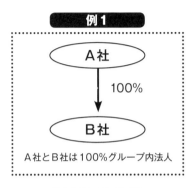

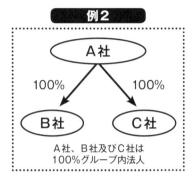

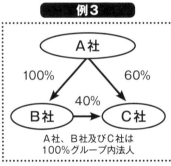

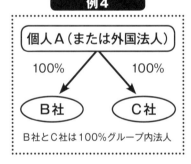

※1 この税制の適用対象となる取り引きは、内国法人間の取り引きに限定されています。よって「個人～法人間」・「内国法人～外国法人間」での取り引きは対象になりません。

※2 親族 → ①6親等内血族・配偶者・3親等内姻族
　　　　　　②個人株主と内縁関係にある者
　　　　　　③個人株主の使用人等

例1のように、A社とB社に100％の親子関係のある会社だけではなく、例4のように、個人Aが100％支配するB社とC社も100％グループ内の法人となります。

### (3) グループ内法人間における資産の譲渡取引

グループ法人税制の施行前は、グループ内の譲渡取引について、時価と簿価の差額が譲渡損益として課税されていました。そのため、含み益がある資産を保有しているケースでは、税負担が円滑な経営資源の再配分の妨げになり、また、含み損がある資産を保有しているケースでは、税負担の調整を行うことが可能でした。

他方、グループ法人税制の施行後には、100％グループ内の法人間で一定の資産の移転を行ったことにより生ずる譲渡損益を、その時点では計上せず、①その資産をグループ外へ移転したとき、または②さらに他のグループ内法人へ移転したときに、当初移転を行った法人において計上することになりました。

譲渡損益を繰り延べる対象となる資産は、以下のとおりです。

───────────────────────────────
［譲渡損益調整資産］
　①固定資産（減価償却資産、土地等）
　②棚卸資産である土地等
　③有価証券（売買目的有価証券を除く）
　④金銭債権
　⑤繰延資産
で**帳簿価額が1,000万円以上**のもの（（土地等以外の）棚卸資産を除きます）。
───────────────────────────────

## （4）後継者の会社への収益物件の移転　〜事例〜

　甲と後継者の乙は、親族の関係にあることから、A社とB社は、100％グループ内の法人となります。そのため、A社とB社との間で不動産の売買をする場合に、譲渡損益は繰り延べられます。

　高収益物件がA社から、B社へ移転する場合には、将来のA社の所得金額が減少し、純資産の増加も緩やかになる一方、B社において所得金額が増加し、純資産も増加するものと考えられます。

　その結果、将来のA社の株価は下落し、B社の株価が上昇することになります。

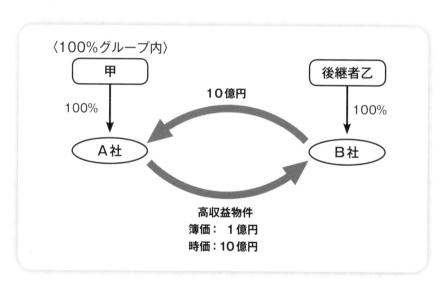

事例 33

# 株式保有特定会社の場合の影響

甲の一族は、A社（製造・販売業）の株式を100％所有しており、A社は、B社（不動産賃貸業）の株式を100％所有しています。A社とB社はいわゆる100％グループ内法人です。B社は、時価の高い不動産を多く保有しているため株価が高く、A社の総資産に占めるB社の株式の割合はとても高いです。しかし、特に対策は行っていません。

**失敗のポイント**

A社の総資産に占める株式の保有割合が高い場合には、「株式保有特定会社」に該当し、原則として純資産価額により評価することになります。よって、類似業種比準価額で評価する場合と比べて、株価が高くなる傾向にあります。

> **正しい対応**
>
> 　A社は業務拡大に伴い、新規事業所が必要だったため、B社の不動産を現物分配により取得しました。この場合、A社とB社は100％グループ内法人なので、現物分配した不動産の含み損益への課税は行われません。
> 　その結果、A社の総資産に占める株式の割合が低くなり、A社は「株式保有特定会社」に該当しなくなる可能性があります。

[ポイント解説]

## （1）適格現物分配

　現物分配とは、いわゆる現物配当のことで、金銭以外の資産によって行われる配当をいいます。現物分配を行うと、現物分配を行った法人は、現物分配の対象となる資産を時価で譲渡したものとして譲渡損益を認識します。

　平成22年度税制改正により、100％グループ内法人間での現物分配は、現物分配を行う法人においては、適格現物分配とされ、組織再編税制として位置づけられます。

　よって、現物分配の対象となる資産を帳簿価額で譲渡したものとし、譲

渡損益を認識しません。現物分配を受けた法人は、その分配を受けたことにより生じる収益は益金の額に算入されないこととなります。

## (2) 適格現物分配のイメージ図

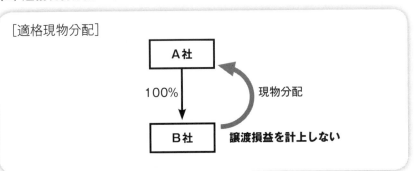

　税制改正前は、含み損益のある資産を現物分配した場合に、B社で譲渡損益が計上されましたが、税制改正後の適格現物分配はB社で譲渡損益が計上されなくなりました。

## (3) 株式保有特定会社

　株式保有特定会社とは、評価会社が有する株式等の額（相続税評価額）の総資産（相続税評価額）に占める割合が次に該当する会社をいいます。

　　大会社・中会社・小会社 ……………50％以上

　なお、株式等に含まれるものは主に次に掲げるものです。
　　・金融商品取引業者が保有する商品としての株式
　　・外国株式
　　・法人に対する出資
　　・株式制のゴルフ会員権
株式保有特定会社の株式は、原則として、純資産価額方式で評価をしま

す。純資産価額方式で評価をするため、類似業種比準価額方式で評価をする場合と比べて、株価が高くなる傾向にあります。また、納税者の選択により「S1+S2」方式で評価することもできます。「S1+S2」方式とは、株式保有特定会社の株式評価を株式等以外の評価（S1）と株式等の評価（S2）に分けて行うものであり、S1の部分は一般の評価会社に準じて評価をし、S2は純資産価額方式で評価をする方式です。

## （4）株式保有特定会社の場合の影響　〜事例〜

甲一族の保有するA社は、B社株式を保有しています。B社は、時価の高い不動産を多く保有しているため、B社の株価は高くなっています。B社の株価が高いため、A社の総資産に占める株式の割合が高く、株式保有特定会社に該当しています。

甲一族が保有する会社が株式保有特定会社に該当する場合には、原則として純資産価額を基準として株価を評価するため、類似業種比準価額で評価する場合と比べて、株価が高くなる傾向があります。

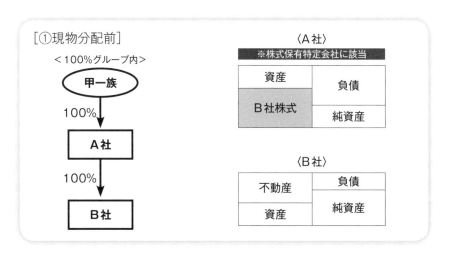

A社は、業務拡大に伴い新規事業所が必要だったため、B社保有の不動産を現物分配により取得しました。このとき、B社において現物分配した不動産にかかる含み損益への課税は行われません。

　上記取り引きの結果、A社の総資産に占める株式の割合が低くなり、A社は株式保有特定会社に該当しなくなる可能性があります。

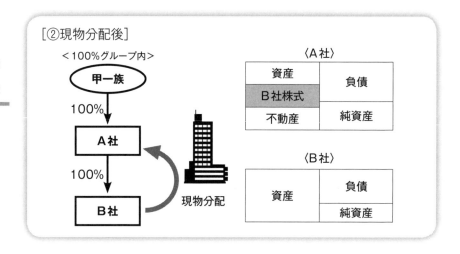

# MEMO

事例 34

# 外国子会社の株式評価

当社（大会社）は数年前より東南アジアに製造・販売を行う現地法人を設立し、海外移転を行ってきました。現在、親会社である当社は国内向けに販売活動のみ行っています。現地法人の業績は非常に好調であるため株価が大幅に上昇していると思いますが、現地法人の株式評価についても類似業種比準価額が使え、株価対策が容易であると考えているため、後継者への株式承継にあたり特段の心配はしていません。

**失敗のポイント**

外国子会社の株式の評価には、原則として類似業種比準価額は使えません。外国子会社の評価は純資産価額に準じて行います。業績好調な外国子会社の評価を純資産価額に準じて行った場合、総資産に占める株式の割合が50％以上となり、親会社は株式保有特定会社に該当しました。結果、親会社も純資産価額により評価しなければならず、評価額が想定よりも大幅に高くなりました。

> **正しい対応** 外国子会社を純資産価額に準じて評価し、親会社が株式保有特定会社に該当することを事前に把握しておく必要がありました。その上で、株式保有特定会社に該当しないよう総資産に占める株式の割合を50％未満に抑える対策をしておく必要がありました。

［ポイント解説］

## (1) 取引相場のない外国法人の株式評価

　取引相場のない外国法人の株式評価については国税庁より以下の見解が公表されています。

　『類似業種株価等の計算の基となる標本会社が、我が国の金融商品取引所に株式を上場している内国法人を対象としており、外国法人とは一般的に類似性を有しているとは認められないことから、原則として、類似業種比準方式に準じて評価することはできません』

　よって、取引相場のない外国法人の株式は純資産価額に準じて評価することとされています。

## (2) 株式保有特定会社に該当する場合の株価対策

　国内の親会社が株式保有特定会社に該当する場合には、総資産に占める

株式の保有割合を下げない限り、純資産価額で評価され、類似業種比準価額方式が使えません。この場合の株価対策として、例えば国内の親会社が外国子会社から配当を受け取ることが考えられます。配当をすることで外国子会社の純資産が減少し、外国子会社の評価額が下がります。また、配当を受けた国内の親会社は株式以外の資産が増加するため、総資産に占める株式の保有割合は低下します。結果、国内の親会社は株式保有特定会社

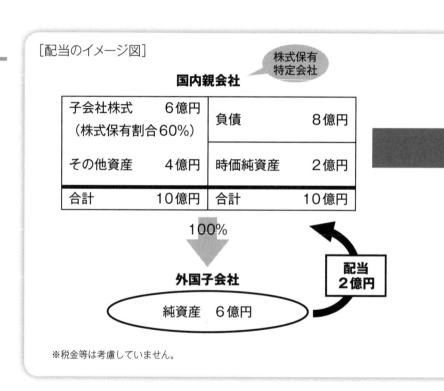

[配当のイメージ図]

※税金等は考慮していません。

に該当せず、類似業種比準価額で評価できる可能性があります。

なお、現行制度においては「外国子会社からの配当の益金不算入制度」により、一定の要件を満たす場合には外国子会社に留保されている現預金を国内の親会社に還流させやすくなっています。

**国内親会社** （通常の大会社に）

| 子会社株式　4億円<br>（株式保有割合40％） | 負債　　　　8億円 |
|---|---|
| その他資産　6億円 | 時価純資産　2億円 |
| 合計　　　10億円 | 合計　　　10億円 |

↓100％

**外国子会社**

純資産　4億円

〈事例34〉外国子会社の株式評価

事例 35

# 自己信託の活用

　私は運送会社を経営しており、会社の全株式を保有しております。後継者について頭を悩ませていたところ長女の婿が会社を継ぐことを決意し、数年前より当社の営業部長として頑張ってくれています。

　そこで、遊休資産の売却により株価が下落したタイミングで全株式を後継者に移転し、私は会長職に退きました。

　しかし、後継者が独自色を打ち出そうとするあまり、現場や顧客はついていけず、混乱しています。私がアドバイスをしても経営権（議決権）を持っているのをいいことに聞く耳を持ちません。

**失敗のポイント**

臨時的な損失計上により株価が下落した際に株式を移すのは、株式移転のタイミングとしては適しています。ただし、後継者の教育も十分でないうちに議決権の全てを移転することは得策ではありません。また、急激な体制の変化は社内外に混乱をもたらす原因となります。

**正しい対応**

信託を活用することにより、オーナーに議決権を残したまま財産権（配当請求権等）のみ後継者に移転することが可能です。オーナーが議決権を持つことで、安定的に経営権（経営ノウハウ等）の承継を進めることができます。

[ポイント解説]

## (1)信託とは

まず信託の基本的な仕組みについて解説すると、信託には、

　委託者：財産を預ける人

　受託者：財産を預かる人

　受益者：預けられた財産から生じる利益を得る人

という、3人の当事者が登場します。

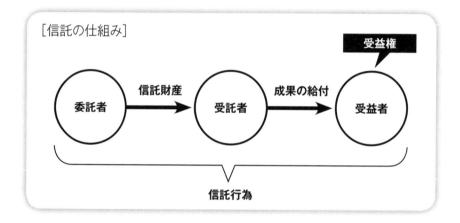

［信託の仕組み］

　財産が信託されるとその信託財産の所有権は委託者から受託者に移転します。ただし、その信託財産の経済的価値（株式であれば配当を受け取る権利等）は受益者のものとなります。したがって、税務上は「実質課税の原則」に基づき経済的に利益を受ける受益者に贈与税が課税されます。

## (2)自己信託の活用法

　オーナー自らが受託者になる信託を自己信託といいます。信託財産が自社株である場合には、その株式の名義及び議決権は受託者に帰属すること

になります。よって、自社株を自己信託した場合には、以下の図のような関係となります。

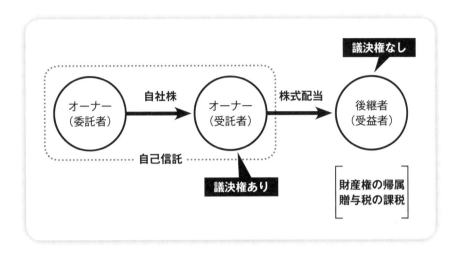

　自社株をオーナーが自己信託すると、上図のようにオーナーに議決権を残した上で、株式の経済的価値部分のみ後継者に移転することが可能です。

## (3) 指図権を留保する方法

　議決権をオーナーに残したまま自社株を承継させる方法として、自己信託の他に、株式にかかる議決権行使の指図権をオーナーに留保するという方法があります。指図権とは信託財産の管理または処分に関して受託者に対し指図を行う権利のことを言います。概略は以下の図のようになります。

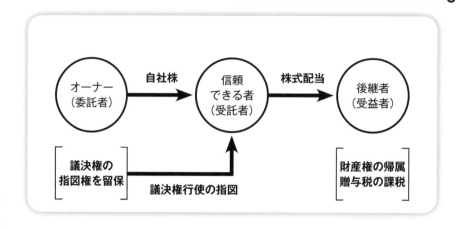

〈事例35〉自己信託の活用

事例36

# 後継ぎ遺贈型の受益者連続信託

　私は創業100年を超える酒蔵を営む会社の四代目です。長男・二男とも当社に入り経営を支えてくれています。後継者は長男と考えており、株式も長男に承継していこうと考えています。

　しかし、長男には子供がおりません。長男の後継は二男、二男の後継は孫と考えていますが、長男の相続が起こったときに長男の妻方へ株式が分散しないか不安です。そこで、遺言に長男が死んだときには株式を二男が相続するように書いてあります。

**失敗のポイント**

　通常の遺言では1人目の承継者（長男）を決めておくことはできますが、2人目以降の承継者（二男、孫）を決めておくことはできないとされています。現オーナーの意思を伝えることはできますが、遺言のとおりに承継されていくかは不確実といえます。

> **正しい対応**
>
> ２人目以降の後継者（二男、孫）も指名したい場合には、後継ぎ遺贈型の受益者連続信託が有効です。信託設定時から30年を経過した後は１回しか受益権の承継は認められないという制限はあるものの、先々の財産の承継者まで決めておくことができます。

［ポイント解説］

　後継ぎ遺贈型の受益者連続信託とは、受益者が死亡しても信託を終了することなく順次受益権を取得する者の定めがある信託をいいます。

　つまり、現オーナーを委託者及び第１受益者として設定し、現オーナーが亡くなると長男（第２受益者）へ、長男が亡くなると二男（第３受益者）へ、二男が亡くなると孫（第４受益者）へというように、受益者を連続して指定できる信託契約のことです。

　ただし、無制限に受益者連続信託が認められているわけではなく、信託設定時から30年を経過した後は、１回しか受益権の承継は認められていません。つまり、今回の事例の場合において、仮に長男が亡くなった時点で信託契約から30年経過していた場合には、二男に受益権が移った時点で信託契約は終了となります。

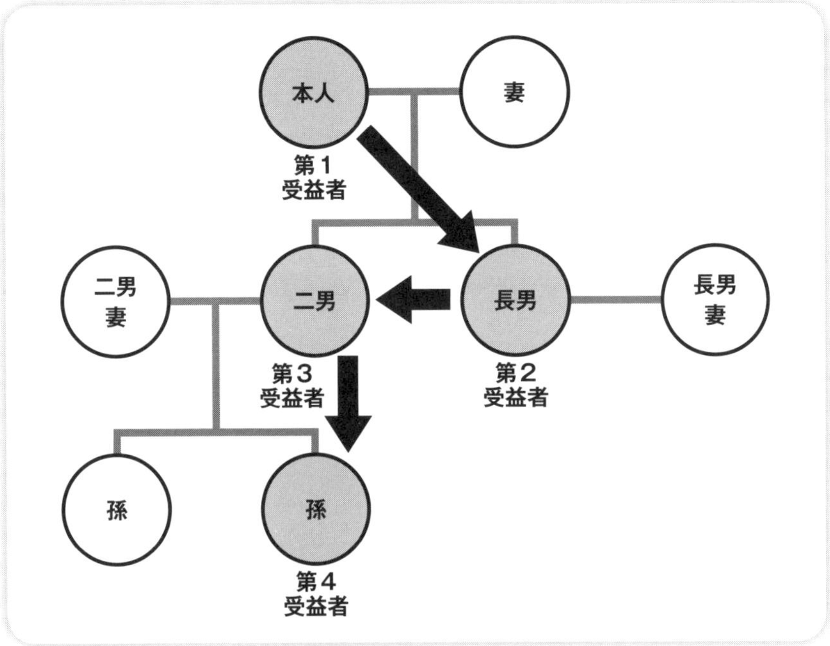


上記の例の他にも、親族間ではいろいろな事情があります。そこで

・後妻の子に財産を継がせるが、その後妻の子が亡くなった後は、先妻の孫にその財産を継がせたい
・子供がいないので、いったん妻に財産を継がせるが、その妻が亡くなった後は弟の子にその財産を継がせたい

といったようなことも考えられます。こういった問題は、通常は遺言や養子縁組では解決することができません。よって、後継ぎ遺贈型の受益者連続信託の活用が有効とされるのです。

事例 37

# 生命保険を活用した遺留分対策

私は会社を経営しており、妻と3人の子供がいます。後継者は長男と決めており、遺言にて自社株の全てを長男に相続させたいと考えています。なお、私の財産の大部分は自社株が占めています。

自社株は会社の後継者に集中させることが鉄則ですが、オーナーの財産のうちの自社株の占める割合が大きい場合、自社株を後継者に集中的に承継すると、非後継者へ残す財産が著しく少なくなり、遺留分をめぐるトラブルの原因となります。

> **正しい対応** オーナーを被保険者、後継者を受取人とする生命保険を活用すればオーナーの死亡時に後継者に保険金が入るため、非後継者から遺留分減殺請求された場合の原資として利用することができます。

[ポイント解説]

## (1)遺留分とは

　遺留分とは相続人に最低限認められている財産を相続する「権利」で、原則、法定相続分の2分の1相当です。なお、兄弟姉妹の相続人には遺留分がありません。
　遺留分を侵害された相続人には遺留分減殺請求権が認められるため、遺言にて後継者に自社株を集中した場合には、非後継者から遺留分減殺請求を受けることにより、自社株が分散するか、遺留分相当の現金を請求される可能性があります。

## (2) 生命保険金の取り扱い

生命保険金は民法上、相続財産でなく、保険金受取人の固有の財産とされるため、原則として遺留分の対象とはなりません。したがって、保険金額を確実に後継者に残すことができます。

## (3) 生命保険活用のメリットと留意点

事業承継に際しての遺留分対策として生命保険の活用が考えられます。メリットと留意点は下記のとおりです。

**メリット**

① オーナーが保険料を負担し、死亡保険金を相続人である後継者が受け取った場合には、相続税の計算に際して「500万円×法定相続人の数」の金額まで非課税枠があります。
② 非後継者から遺留分減殺請求を受けた際の原資として保険金を利用できます。
③ 被保険者をオーナー、保険料負担者・保険金受取人を後継者とする保険契約により、後継者自らも遺留分対策を行うことが可能です。

**留意点**

① 保険金は民法上、相続財産ではなく保険金受取人固有の財産とされるため、非後継者を受取人とする契約では遺留分の解決になりません。
② 事前に株価算定等を行い遺留分を想定した上で保険金額を決定する必要があります。

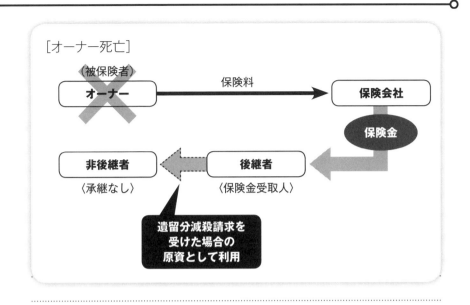

事例 **38**

# 金庫株の活用による納税資金対策

小売業を営んでいた父の相続が発生し、父が保有していた株式を後継者である私が相続することとなりました。

しかし、株価が高額なため、相続税額も高額となり、相続税を納税することができませんでした。

そこで、金庫株の特例を活用し、相続取得した株式を会社に買い取ってもらおうとしましたが、会社に肝心の買取資金がありませんでした。

失敗の
ポイント

相続により取得した株式を、その発行会社に買い取ってもらった場合には、一定の要件を満たすことにより、みなし配当課税（配当控除後の最高税率約49％）はなく、譲渡所得として課税（原則20％）されます（金庫株の特例）。

しかし、会社に買取資金がない場合には、自社株を会社に買い取ってもらうことはできません。

> **正しい対応**
>
> 　金庫株の特例を適用することを考えているのであれば、予め会社に買取資金を用意しておく必要があります。
>
> 　そのためには、会社で解約返戻金の多い保険を活用して資金を準備したり、会社所有の未利用地を譲渡することにより買取資金を準備する必要があります。
>
> 　また、相続開始後3年10ヶ月以内の譲渡であれば、その譲渡した相続人は金庫株の特例のみでなく、相続税の取得費加算の特例を適用することができます。

[ポイント解説]

### (1) 金庫株の活用

　平成13年の商法改正により、会社は自己株式を自由に取得・保有することができるようになりました。この自己株式の保有及び取得は、一般的に金庫株と呼ばれています。

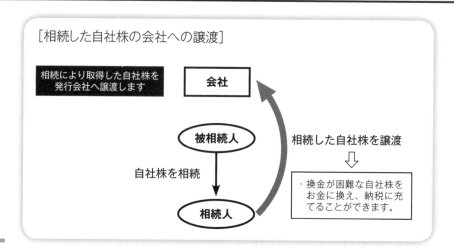

## (2) 自己株式買い取りの手続き

　相続により取得した非上場株式を会社へ譲渡する場合において、その会社が行う会社法上の手続きは下記のようになります。
①株主総会（臨時でも可）の特別決議（総株主の議決権の過半数を有する株主が出席し、かつ、その議決権の3分の2以上の賛成）が必要となります。
②取締役会において次の事項を決める必要があります。
・取得する株式数
・交付する金銭等の内容と総額
・株式を取得することができる期間
・譲渡人となる株主

## (3) みなし配当課税の不適用（金庫株の特例）

　通常、株式をその発行会社に譲渡した場合には、資本金等の額を超える部分の対価については「みなし配当」とされ、配当金としての課税が行われます。しかし、下記の要件を満たす者が、相続により取得した自社株を発行会社へ譲渡した場合には、みなし配当の規定は適用されず、全額が譲渡

所得として課税されます。
①相続または遺贈により財産を取得し、納付する相続税があること
②相続税の申告期限後3年以内に譲渡すること

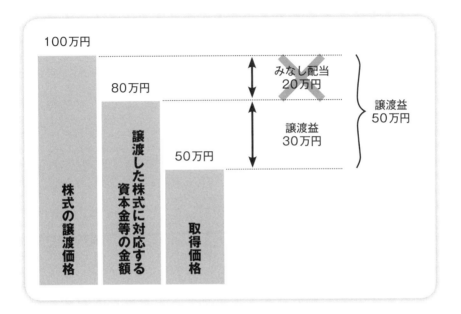

【具体例】
　上記の場合において、金庫株の特例を適用した場合の私の所得税・住民税の金額はいくらになるでしょうか。

[前提]　給与所得　　　　2,000万円
　　　　みなし配当　　　　20万円
　　　　譲渡益　　　　　　30万円
　　　　※簡便化のため、上記以外の所得及び所得控除等は考慮しておりません。

[総合課税]　給与所得2,000万円×50% − 279.6万円＝720.4万円
[分離課税]　(みなし配当20万円＋譲渡益30万円)×20%＝10万円

［納税額合計］　720.4万円＋10万円＝730.4万円

　通常、みなし配当20万円は総合課税の対象となるため、この方の場合、給与所得2,000万円と合算され、累進税率により所得税・住民税が計算されることとなります。
　しかし、金庫株の特例によれば株式等の譲渡所得として課税され、20％の税率により課税されることとなります。したがって、この方のように所得が高く、結果として税率が高くなる方は、この金庫株の特例を適用し譲渡所得として課税された方が、税務上有利となります。
　また、この株式を相続する際に払った相続税があり、かつ相続開始から3年10ヶ月以内の譲渡である場合には、相続税の取得費加算の特例を適用することにより、譲渡に係る所得税・住民税を軽減することができます。

## (4) 相続税の取得費加算の特例

　相続財産を相続開始から3年10ヶ月以内に譲渡した場合には、譲渡所得の計算上控除する取得費（※）に、譲渡した資産に対応する相続税額を加算することができます。その分譲渡所得は圧縮され、結果として譲渡所得税・住民税の負担を軽減することができます。
※譲渡した財産の、当初の所得に要した金額。相続財産である場合には、被相続人の取得費を引き継ぎます。

【具体例】
　相続した自社株の相続税評価額を1,000、その他の財産を4,000、支払った相続税額を500とし、自社株の全てを1,000で譲渡した場合に取得費（200とする）に加算される相続税額や譲渡に係る所得税・住民税は下記のように計算します。

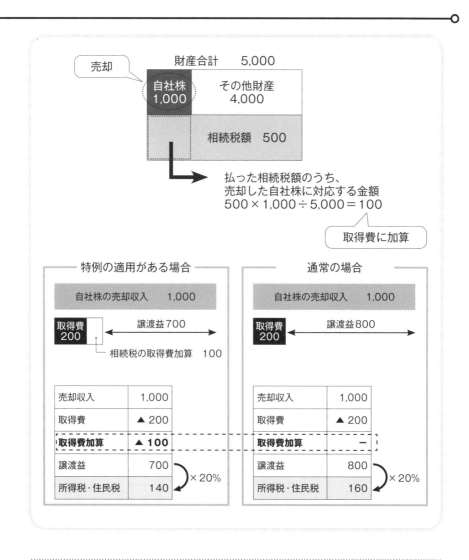

※上記(3)、(4)ともに、復興特別所得税は考慮しておりません。

事例 39

# 非上場株の物納による納税資金対策

父は、会社の株式の30%を保有しております。この度、後継者でもある私（長男）に、その保有する株式全てを相続させる内容の遺言を作成しました。その後、実際に相続が発生しましたが、納税資金がありません。不動産を売却し、納税資金を集めましたが、まだ不足するため、この自社株を物納しようと思いましたが、延納により相続税を納めることができると認定されたため、物納申請が却下されました。

**失敗のポイント**

相続税は原則として現金で一括して納税する必要があります。それが不可能な場合には、延納により納税し、延納が不可能なときになってようやく物納をすることができます。また、この判定は納税者ごとに行います。

今回の相続では、相続人である長男は、この会社より役員報酬を受け取っていたため、延納により納税できると税務署は認定し、物納を認めてくれませんでした。

**正しい対応**

相続人に収入があり、物納により納税できない場合には、その相続人の次の後継者（被相続人の孫）に遺言により相続させることも考えられます。

孫であれば一般的にはまだ年齢も若いことから、預貯金もほとんど持ち合わせておらず、延納できるほどの収入もないことが多いため、物納を認めてもらいやすいといえます。

[ポイント解説]

## (1) 物納の要件（金銭納付困難事由）

相続税は、原則として金銭で一括して納めなくてはなりません。一括納付できない部分については、最大20年の分割払いによる延納を検討し、延納によっても金銭で納税できない部分の税額に限り、物納が認められます。

第3章

物納において、納めるべき相続税額から、まず現金納付（換価容易財産を含む）を検討して、次に、延納可能額を検討し、現金納付というフィルターと延納というフィルターの2つを通して残った金額が、最終的に物納できる金額ということになります。

※金銭で即納できる金額＝**A**－（**B**＋**C**）

**A**：納税者が相続税の法定期限において有する現金、預貯金その他換価の容易な財産（物納対象財産を除く）の額

**B**：納税者及び生計を一にする者の通常必要とされる生活費の3ヶ月分相当額

**C**：事業継続のために当面必要な運転資金の額

〈物納のポイント〉
現金納付も延納も困難な人が対象です。
現金納付が困難かどうかの判断は、各相続人ごとに行います。
借入金と預金が両方ある場合には、この借入金の返済をすることが一般的ですので、預金はないものとして取り扱われます。

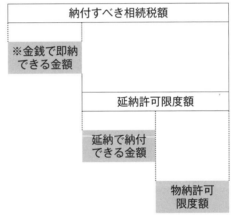

〈物納不動産の選択〉
物納条件が整っている場合、どの不動産を物納するかを選ぶ権限は納税者にあります。
（物納劣後財産を除く）

注意
・未分割の土地
・争っている土地
・抵当権付不動産
⇒ 物納不可

### (2) 物納財産の順位

物納には、下記に掲げる財産を、下記に掲げる順序により充てることができます。

第1順位：国債・地方債・不動産・船舶・上場株式等
第2順位：非上場株式等
第3順位：動産

自社株は第2順位に該当することから、物納に充てることができる国債や不動産等がない場合に限り、物納に充てることができます。

(注) 譲渡制限株式は物納することができません。物納するためには定款の変更等が必要となります。

### (3) 物納できない非上場株式

次に掲げる非上場株式は物納することができません。

① 譲渡に関して金融商品取引法その他の法令の規定により一定の手続きが定められている株式で、その手続きがとられていないもの
② 譲渡制限株式
③ 質権その他の担保権の目的となっている株式
④ 権利の帰属について争いがある株式
⑤ 2以上の者の共有となっている株式（共有者全員がその株式について物納の許可を申請する場合を除く）

### (4) 物納後の処分

物納された自社株は、原則として一般競争入札により処分されます。

好ましくない者に株式が渡らないようにするためには、「随意契約適格者」(物納申請者、その発行会社、主要株主、役員など)が一定の書類を提出し、原則として収納日から1年以内に買い戻す必要があります。

### (5) 物納と譲渡税

　物納により移転した財産の収納価額は相続税評価額となります。また、その移転の際、譲渡税はかからないこととなっているため、含み益のある財産を物納したとしても課税されません。

　しかし、超過物納があり、過誤納金として還付される金額がある場合には、その部分については譲渡税が課税されることとなります。この場合、相続開始日から3年10ヶ月以内の物納である場合には、相続税の取得費加算の特例の適用があります。

MEMO

事例 40

# 分散株式への対応

　オーナーが所有する株式の相続税評価額は高額で、このままだと多額の相続税が課されてしまうことが想定されるため、息子に相続する予定の株式66.7％を除く、33.3％の株式を、従業員や取引先の社長に対して、配当還元価額により譲渡しました。

　その後、オーナーの相続が発生し、息子が社長に就任することになりました。数年ほど経ったころ、取引先の社長にも相続が発生し、その相続人から、時価で株式を買い取ってほしいという申し出を受けてしまいました。取引先との関係上、買い取りを拒否することもできず、多額の買取資金を準備しなければならなくなりました。

失敗のポイント

　オーナーは、相続税を圧縮する意識が強すぎて、会社の経営権かつ財産権としての価値を有する株式を分散させてしまいました。株主は、譲渡制限のある株式について、他人に譲渡することを会社に請求

することができ、また、そのときの価額は、相続税法上の配当還元価額とは限らず、原則、当事者間の協議により決定されます。

　オーナーは、自分の目の届く間は問題は生じないと思っていても、世代交代が進むと状況も変化し、将来、時価での買い取りを請求される可能性があることに気がつきませんでした。

**正しい対応**

　オーナー企業において、会社の経営権かつ財産権としての価値を有する株式が分散してしまった場合には、株主から議決権を行使されるだけではなく、財産権を主張され、時価での買い取りを請求される可能性があるため、留意する必要があります。

　何らかの事情により、第三者に株式を保有してもらう場合には、直接、普通株式を持ってもらうのではなく、例えば従業員持株会を通じて保有させる方法や、取得条項付株式を活用するなど、将来、時価による買い取りを請求されないよう、工夫する必要があると考えられます。

[ポイント解説]

## (1) 株式の評価方法

　下記の表のとおり、同族株主のいる会社で、同族株主以外の株主が取得する株式については、相続税法上、配当還元価額を適用することができます。

　そのため、オーナーから少数株主である個人に対して株式を譲渡する場合には、原則として、配当還元価額によることが認められます。

[同族株主のいる会社の評価方法]

| 区分 | 株主の態様 | | | | 評価方法 |
|---|---|---|---|---|---|
| 同族株主のいる会社 | 同族株主 | 取得後の議決権割合が5%以上の株主 | | | 原則的評価方式 |
| | | 取得後の議決権割合が5%未満の株主 | 中心的な同族株主がいない場合 | | |
| | | | 中心的な同族株主がいる場合 | 中心的な同族株主 | |
| | | | | 役員である株主または役員となる株主 | |
| | | | | その他の株主 | 配当還元方式 |
| | 同族株主以外の株主 | | | | |

　なお、このように、個人間で株式を譲渡等する場合には、取得した者が同族株主に該当するかどうかで、評価方法を判定することになります。

　したがって、例えば、少数株主である個人から同族株主であるオーナーが株式を取得する場合には、オーナーにとっては原則的評価方式が適用されることになります。そのため、原則的評価額より低い価額で取り引きをした場合には、その差額については、オーナーに贈与税の課税が生じる場

合があります。

## (2)譲渡制限株式の譲渡

　譲渡制限株式の株主は、会社の承認がある場合には、他人に対して株式を譲渡することが可能です。また、会社に承認されない場合には、他の者または会社に取得してもらうよう請求することができます。

　なお、会社は、このような請求を受けた場合には、譲渡を承認するか、さもなければ他の者または会社自らが株式を買い取らなければなりません。

　この場合の買取価格については、売主と買主の協議の上、決定することになります。協議が整わない場合には、裁判所に価格決定の申し立てを行うことになるため、税法上の評価額で買い取ることができるとは限りません。

## (3)取得条項付株式の活用

　取得条項付株式とは、会社が一定の事由が生じたことを条件に、取得することが可能となる株式のことをいいます。このような株式を発行する場合には、発行時に、取得事由や取得対価を定款に定めることになります。会社が任意に取得する日を定める規定を設けることも可能であるため、例えば、取締役会が定める日をもって、予め定めた価額で買い取ることも可能になります。

事例 41

# 名義株の整理

　部品製造業を営む会社を経営するAと申します。会社設立から30年になりますが、技術力を評価され業績も好調です。3年ほど前に社外で修業させた息子を専務取締役に就任させてからはさらに業績も伸び、私も来年で60歳を迎えることから自社株の贈与も含めた事業承継の相談を税理士に行いました。そうしたところ、「事業承継ですか。社長とお付き合いが始まった10年前から何度か申し上げておりましたが、会社の名義株について先に処理すべきですよ」と指摘を受けました。確かにこれまでも指摘されてきましたが名義株に何か問題があるのでしょうか。

失敗のポイント

　「名義株」は聞きなれない言葉ですが、名義の借用等により株主名簿上の株主（名義人）と本来の所有者（名義借人）が異なる株式のことをいいます。名義株は残しておくと後々問題になるケースが多いため、

早急な対処が必要です。

具体的には、株主名簿や法人税申告書別表二に名義人の記載がある場合となります。仮に名義人がその名義株をもって株主代表訴訟等の権利行使をした場合は、会社経営に重大な支障が出ることになります。また、Aさんの相続が発生した際、後継者が名義株の事実を知らずに相続税の申告を行った後、相続税の税務調査で名義株の存在を指摘されると、多額の相続税を追加で支払わなければいけない可能性もあります。

正しい対応

名義株については、名義人により対処が異なります。名義株が判明した際、名義人が存命であれば「名義株である旨の確認書」等を作成し、株式の名義を本来の所有者（名義借人）の名義に変更しましょう。

また、名義人から名義株を買い取ることとなった場合には特に注意が必要です。買い取りの時期によっては、売却する側の株主（名義人）から提示した金額よりも高く買ってくれと言われ、代表者が名義株の買取資金を用意できないことも考えられますので、継続的な交渉や会社での買い取り（金庫株化）等も検討する必要があるでしょう。

[ポイント解説]

　名義株については平成2年の商法改正により、旧商法165条で「株式会社の設立には7人以上の発起人を要す」と定めていた規制が撤廃されたため、改正後に設立した法人については、馴染みのないものかと思います。しかし、平成2年以前に設立された法人はこの規制により、最低7人いなければ株式会社の設立ができなかったことから、親族や従業員等から名前を借りているといったケースがありました。

## (1) 真実の株主とは誰なのか

　そもそも、名義株の株主は誰なのか、相続や事業承継の際に争われるケースがあります。「実際に株式の払い込みを行ったが株主名簿に記載のない名義借人」と、「株式の払い込みは行っていないが株主名簿に記載のある名義人」間で株式の所有権についての争いが行われるわけです。

　一般的には、実質的な所有者が株主であると解されますので、名義株があった際、真実の株主は「実際に株式の払い込みを行ったが株主名簿に記載のない名義借人」となることが一般的です。また、実質的な株主としても名義株認定を受けないためには、少なくとも以下の点に留意する必要があります。

【名義株認定を受けないための留意点】
①株式発行時の払い込み拠出者の確認
②名義を借りた理由とその合理性の確認
③配当金を各株主の口座に振り込んでいるかの確認
④株主総会の都度、株主総会招集通知を各株主に発送
⑤株主総会を実際に開催し、議事録（会議録）を作成し署名捺印
⑥株主異動時には、「株式贈与契約書」または「株式売買契約書」を作成

⑦創業者が存命であれば、創業者に確認

　最終的には事案ごとに個別具体的に判断されることとなりますので、以上の留意点の他にも真実の株主が総合的に判断できるよう、書類等の作成を行う必要があります。

## (2) 名義株の整理・処理方法

　まずは会社の株主名簿、もしくは、法人税申告書別表二「同族会社の判定に関する明細書」に記載されている名義人が真実の株主か「(1)真実の株主とは誰なのか」の留意点に照らし合わせ、名義株があるかの確認が必要でしょう。

　名義株があった際は、処理方法の検討が必要です。処理する際は、資金負担を伴うか・伴わないかの2つのケースが考えられます。

**【ケース1】　資金負担を伴わない処理方法**

　名義人と本来の所有者が、「名義株である旨の確認書」等を作成し、株主名簿を本来の所有者名義に変更する。

**【ケース2】　資金負担を伴う処理方法**

①名義人を本来の所有者として考え、「株式贈与契約書」または「株式売買契約書」を作成し、株式の名義を本来の所有者名義に変更する。

②名義人を本来の所有者として考え、金庫株として株式を買い取る。

③名義人を本来の所有者として考え、後継者が出資した持株会社で買い取る。

　旧商法165条が撤廃され、名義借りする必要性がなくなった現在も、名義株を整理せずにそのままにすることは、会社の支配権をも揺るがす事態になることが考えられます。問題が顕在化する前に名義株の処理をすることが必要でしょう。

事例42

## 事業承継の際の国外転出時課税

　当社は洋菓子及び和菓子製造業であり、2人の息子に事業承継する予定です。息子の1人は、5年以内の帰国を目処にパリの現地法人に常駐し、洋菓子のトレンドの情報収集や和菓子の販売活動を行っています。

　この度大型設備投資を行った関係で株価が下がったため、このタイミングで息子2人に相続時精算課税制度による贈与をしました。しかし、パリにいる息子に対する贈与について、息子に贈与税がかかったほか、贈与した私にも国外転出時課税により高額のみなし譲渡課税が課されてしまいました。私が出国したわけではなく、まして売却したわけでもないのに譲渡所得税と贈与税が同時にかかってしまい、想定していたよりも税負担が多額で重く苦しい状況です。

**失敗のポイント**

①国外転出時課税について理解が浅く、自身が出国（国外転出）するほかにも、国外に居住する親族等（非居住者）への有価証券等の贈与についても国外転出時のみなし譲渡課税が課されることを把握していませんでした。

②国外転出時のみなし譲渡課税は、小会社方式等による時価で評価して、その時価での譲渡になりますが、現金を息子に貸し付けるなどして息子に売却すれば、相続税評価額により承継することもできましたが、様々な方法を検討しませんでした。

**正しい対応**

①海外の息子への贈与により自社株が海を渡る場合にも国外への転出とみなされて、贈与者に譲渡所得税が生じてしまうという理解がまず必要です。この上で、この譲渡所得税については、納税猶予制度を選択することができることも知っておく必要があります。5年以内に海外の息子が日本に帰国した場合には、更正の請求により譲渡所得税を還付してもらうこともできますが、この納税猶予を選択しておくことで贈与税と譲渡所得税の負担が同時に生じることを回避することができ

〈事例42〉事業承継の際の国外転出時課税

たといえます。

②何よりも事業承継に詳しい税理士に相談した上で、例えば自社株の買取資金を貸し付けるなどして息子に売却をする方法や後継者の息子が持株会社を設立して、持株会社へ売却するなど、国外転出によるみなし譲渡課税が課されないような他の手法等も検討し、最も税負担が少なくなるような最適な方法を事前に検証して対応することが重要です。

［ポイント解説］

### （1）国外転出時課税制度の概要

　巨額の含み益を有する株式等を保有したまま、シンガポール、香港などのキャピタルゲインが非課税とされる国に移住して、その非課税国で株式等を売却するといった方法により日本及び海外での譲渡所得税を回避することが可能となっていましたが、平成27年度改正で、一定の要件を満たす資産家（有価証券等を1億円以上保有している居住者等）を対象に、国外転出時において有価証券等について未実現の利益に対して課税する「国外転出時課税制度」が創設され、平成27年7月1日以後に国外転出する場合等に適用されることになりました。

　また、国外転出とは、自身の出国等のみではなく、贈与や相続または遺贈により非居住者に有価証券等が移転する場合についても時価で譲渡等があったものとみなして譲渡所得税を計算します。

さらに、5年以内に日本に戻ってきた場合には、帰国日から4ヶ月を経過する日までに「更正の請求」をすることにより、納めた譲渡所得税を還付してもらうことができます。

## （2）納税猶予制度が選択可能

　5年以内の一時的な出国や出国時における納税資金の不十分性に配慮して、国外転出のときまでに「納税管理人の届出書」を提出した方については、一定の要件のもと5年間（最大延長で10年）の「納税猶予制度」が選択できます。

　本事例においても譲渡所得税について納税猶予を選択することで、贈与税と譲渡所得税が同時に生じることを回避することができたでしょう。この上で5年以内に息子が帰国した場合には更正の請求によって、国外転出時課税が取り消されます。

　なお、この納税猶予の手続きには、一定の書類を添付した確定申告書を提出して、かつ、納税猶予分の譲渡所得税及び利子税に相当する担保を提供する必要があります。

　また、納税猶予期間中は、各年12月31日において所有等している適用資産について、一定の事項を記載した「継続適用届出書」を翌年3月15日までに提出する必要があります。なお、提出期限までに提出がない場合は、その期限から4ヶ月を経過する日に納税猶予期限が確定し、猶予されていた所得税及び利子税を納めなければなりません。

## （3）その他の方法の検討

　国外転出時に譲渡したものとみなして課税される有価証券等の価額のうち自社株については、原則として小会社方式等による時価で評価して、その時価での譲渡になります。例えば、個人間で売買する際に採用する相続税評価額が時価に比べて低い場合、息子に買取資金の現金を貸し付けて、

息子と個人間売買をすれば、息子はその父からの借入金で相続税評価額により承継することも可能ですので検討が必要です。当然、貸し付ける現金に対して、金銭消費貸借契約を結ぶなどの対応が必要なので、それらを考慮して検討する必要がありますが、納税猶予手続きの手間を考えると、選択肢の一つとして検討する必要が出てくるでしょう。

そのほか、後継者の息子が持株会社を設立して、持株会社へ譲渡する方法など事業承継については様々な方法で検討して最適な承継計画を考える必要がありますので、事業承継に詳しい税理士に相談しましょう。

[国外転出する場合の譲渡所得等の特例の概要]

| | 制度の内容 |
|---|---|
| 対象者 | 国外転出（国内に住所及び居所を有しないこととなることをいう。以下同じ）をする居住者 |
| 対象財産 | 有価証券等…所得税法に規定する有価証券及び匿名組合契約の出資持分<br>未決済デリバティブ取引等…決済をしていないデリバティブ取引、信用取引及び発行日取引 |
| 譲渡したものとみなされる額 | 次の区分に応じ、それぞれに定める時点における有価証券等の価額に相当する金額または未決済デリバティブ取引等の決済に係る利益の額もしくは損失の額とする。<br>①国外転出年分の確定申告書の提出時までに納税管理人の届出をした場合　　　　　　　国外転出時における金額<br>②①以外の場合　　　国外転出予定日の3ヶ月前の日における金額 |
| 要件 | 次の①及び②を満たす居住者であること<br>①上記「譲渡したものとみなされる額」に定める金額の合計額が1億円以上である者<br>②国外転出の日前10年以内に、国内に住所または居所を有していた期間の合計が5年超である者<br>なお、国内に住所または居所を有していた期間には、納税猶予を受けている期間を含み、出入国管理及び難民認定法別表第一の在留資格をもって在留していた期間を除く。 |
| 5年以内に帰国した場合 | 帰国の日から4ヶ月を経過する日までに更正の請求をした場合において、本特例の適用を受けた有価証券等または未決済デリバティブ取引等を保有し続けていたものについては、本特例による課税を取り消すことができる。 |

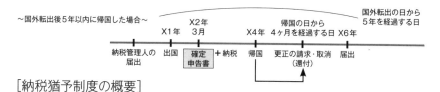

## [納税猶予制度の概要]

| | 制度の内容 |
|---|---|
| 対象者 | 国外転出をする場合の譲渡所得等の特例の適用を受けた者 |
| 対象所得 | 国外転出の日の属する年分の所得税のうち本特例による所得に係る部分 |
| 納税猶予期限 | 国外転出の日から5年を経過する日（同日前に帰国する場合は帰国の日から4ヶ月を経過する日とのいずれか早い日） |
| 要件 | ①国外転出の日の属する年分の確定申告書に納税猶予を受けようとする旨の記載をする。<br>②国外転出の日の属する年分の確定申告書の提出期限までに、納税猶予分の所得税額に相当する担保を供し、かつ、納税管理人の届出をする。 |
| 各年の届出 | 納税猶予期限までの各年の12月31日（基準日）における納税猶予に係る届出書を、基準日の属する年の翌年3月15日までに税務署長に提出しなければならない。<br>提出しなかった場合には、その提出期限の翌日から4ヶ月を経過する日を納税猶予の期限とする。 |
| 納税猶予期限の延長 | 納税猶予期限は、申請により「国外転出の日から10年を経過する日」まで延長できる。 |
| 利子税の負担 | 納税猶予の期限到来により所得税を納付する場合は、納税猶予期間に係る利子税を納付する義務が生じる。 |
| 外国税額控除 | 実際の譲渡等により国外で課税された場合、外国所得税を納付することとなった日から4ヶ月を経過する日までに更正の請求をすることによって、外国税額控除が適用できる。 |

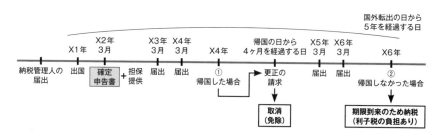

〈事例42〉事業承継の際の国外転出時課税

事例43

# 建設業の事業承継

　主に公共工事を中心とした建設会社の専務取締役をしているAと申します。当社は40年ほど前に父が創業し、現在では地域の三大建設会社として名が知られています。

　そんな折、父から「そろそろ社長の座を譲ろうと思う。二代目で大変だろうが、地域で最大手になれるよう頑張ってもらいたい。私の退任時までには会社の株も贈与したい」と話をされました。それからは大忙しで、社長就任のための社内外への周知はもちろん、自社の株式も長年利益が積み重なり高額になっていたことから大きく対策を講じました。幸い、現在は経営力向上設備への投資で特別償却が取れるため、今期は戦略的に利益を出さないようにできました。

　株の評価も下がり、いよいよ社長に就任と思ったさなか、株価の引き下げを目論んで行った前期の決算の影響で経営事項審査の評点が下がっておりました。ライバル会社に入札で競り負けることが多くなり、売り上げが下がってしまったため、

社長交代どころではなくなってしまいました。

**失敗のポイント**

自社株の評価に重点を置きすぎ、経営事項審査の評点まで考慮されていなかったことが失敗のポイントです。経営事項審査は会社の「経営状況・経営規模」や、建設業者としての「技術力」等を総合的に数値化し評価するものです。仮に極端な株価対策を行う際は、結果として評点を引き下げてしまう可能性があります。

**正しい対応**

経営事項審査をもとに格付けされ、ランクに応じた入札に参加することとなりますので、株価対策を行う際は経営事項審査の"落とし所"にも気をつけるべきでしょう。

また、今回は株価対策に「中小企業経営強化税制」を利用されたとのことですが、経営事項審査においては会社の「決算書」をもとに評価するものですから、経理方式についても検討する必要があるでしょう。

〈事例43〉建設業の事業承継

[ポイント解説]

　自社株対策と経営事項審査の総合評点値（以下、P点）対策は対極に位置します。事業承継の際に自社株対策を行う場合はP点の落とし所を見つけることが重要だと考えられます。自社株対策により、決算が赤字、もしくは利益が出ない場合にはP点値がどのくらいになるか試算してみて、ライバル会社との競争力が失われないかの確認が必要でしょう。

## （1）経営事項審査の特徴

　経営事項審査は、公共工事を発注者から直接請け負おうとする建設業者が必ず受けなければならない審査とされています。P点を上げるために、毎年決算処理に悩まれる方も多いのではないかと思います。

　経営事項審査は、その審査項目について頻繁にマイナーチェンジされますが、近年の改正では防災活動への貢献の状況の加点幅の拡大や建設機械の保有状況の加点方法の見直しがされました。評点によっては直近決算か直近から2年間の平均数値を有利選択ができることもあり、極端に業績が落ちたり、今回のケースのように損失を出したりということがなければ、毎年の評点に大きく差が出ることはありません。

| 項目区分 | | | 細目 | | 現状数値と対策後の数値 |
|---|---|---|---|---|---|
| 経営規模 | X1 | 完成工事高評点 | | | |
| | X2 | 自己資本額・平均利益額評点 | X21 | 自己資本額 | |
| | | | X22 | 平均利益額 | |
| 経営状況 | Y | ①負債抵抗力 | Y1 | 純支払利息比率 | |
| | | | Y2 | 負債回転期間 | |
| | | ②収益性・効率性 | Y3 | 総資本売上総利益率 | |
| | | | Y4 | 売上高経常利益率 | |
| | | ③財務健全性 | Y5 | 自己資本対固定資産比率 | |
| | | | Y6 | 自己資本比率 | |
| | | ④絶対的力量 | Y7 | 営業キャッシュフロー | |
| | | | Y8 | 利益剰余金 | |
| 技術力 | Z | 技術力評点 | Z1 | 技術職員数 | |
| | | | Z2 | 元請完成工事高 | |
| その他審査項目 | W | 社会性等評点 | W1 | 労働福祉の状況 | |
| | | | W2 | 建設業の営業継続の状況 | |
| | | | W3 | 防災活動への貢献の状況 | |
| | | | W4 | 法令遵守の状況 | |
| | | | W5 | 建設業の経理の状況 | |
| | | | W6 | 研究開発の状況 | |
| | | | W7 | 建設機械の保有状況 | |
| | | | W8 | ISO等の登録の状況 | |
| | | | W9 | 若年技術者・労働者の育成・確保状況 | |
| | P | 総合評点値 | | | |

　経営事項審査の各評点は決算書をもとに採点されるため、事業承継対策は決算予測をもとに上図のような形で数値予測を行うと、着地点がわかり

やすくなります。

## （2）中小企業経営強化税制

これまで利用されていた「生産性向上設備投資促進税制」が平成29年3月31日をもって廃止され、新しく「中小企業経営強化税制」として生まれ変わりました。

制度の内容は、①中小企業者等が、②指定期間内に、中小企業等経営強化法の認定を受けた経営力向上計画に基づき③一定の設備を新規取得等して④指定事業の用に供した場合、即時償却または取得価額の10％（資本金3,000万円超1億円以下の法人は7％）の税額控除を選択適用することができる制度となっています。

| ＜対象設備等＞類型 | 生産性向上設備<br>（A類型） | 収益力強化設備<br>（B類型） |
| --- | --- | --- |
| 要件 | 生産性が旧モデル比年平均1％以上向上する設備 | 投資収益率が年平均5％以上の投資計画に係る設備 |
| 確認者 | 工業会等 | 経済産業局 |
| 対象設備 | ◆機械装置（160万円以上/10年以内）<br>◆測定工具及び検査工具（30万円以上/5年以内）<br>◆器具備品（※1）（30万円以上/6年以内）<br>◆建物附属設備（※2）（60万円以上/14年以内）<br>◆ソフトウエア（※3）（情報収集機能及び分析・指示機能を有するもの）（70万円以上/5年以内） | ◆機械装置（160万円以上）<br>◆工具（30万円以上）<br>◆器具備品（※1）（30万円以上）<br>◆建物附属設備（※2）（60万円以上）<br>◆ソフトウエア（※3）（70万円以上） |
| その他要件 | 生産等設備を構成するものであること（事務用器具備品、本店、寄宿舎等に係る建物附属設備、福利厚生施設に係るもの等は該当しません）／国内への投資であること／中古資産・貸付資産でないこと等 | |

※1 電子計算機については、情報通信業のうち自己の電子計算機の情報処理機能の全部または一部の提供を行う事業を行う法人が取得または製作をするものを除く。医療機器にあっては、医療保険業を行う事業者が取得または製作をするものを除く。
※2 医療保険業を行う事業者が取得または建設をするものを除く。
※3 複写して販売するための原本、開発研究用のもの、サーバー用OSのうち一定のものなどは除く。

　対象となる設備は生産性向上設備（A類型）と収益力強化設備（B類型）があり、類型により、適用要件や対象設備等が異なります。

　留意点として、従前の生産性向上設備投資促進税制においては、A類型はメーカーから最新モデル等であることの証明書を取得すれば容易に適用が可能でしたが、中小企業経営強化税制では、A類型の適用についても経営力向上計画の認定が必要であるため、従前に比べひと手間手続きが増えている点があります。

　また、制度の適用を受けるには、経営力向上計画の認定を受けてから設備を取得することが原則ですが、設備取得が先行してしまった場合は、例外として、設備取得日から60日以内に経営力向上計画が受理される必要があります。かつ、税制の適用を受けるためには、設備を取得し、事業に供した事業年度内に認定を受ける必要があることにも留意が必要です。

## （3）直接減額方式と剰余金の処分方式

　特別償却制度については、会計上の利益を引き下げる直接減額方式と、会計上の利益に影響しない剰余金の処分方式の2つの経理方式の中から選択することができるため、公共工事の入札に大きなマイナスが出ないよう、経理処理を検討することが重要です。

例
前提：生産性向上設備投資促進税制にて機械装置10,000千円を購入

**直接減額方式の場合**

購入時

機械装置　　10,000千円　　／　　現預金　　10,000千円

〈事例43〉建設業の事業承継　　**231**

決算時
減価償却費　10,000千円　／　機械装置　　10,000千円

**剰余金の処分方式の場合**
購入時
機械装置　　10,000千円　／　現預金　　　10,000千円
決算時
繰越利益剰余金　10,000千円　／　特別償却準備金　10,000千円
※便宜上、普通償却額は考慮しておりません。

　剰余金の処分方式による場合であれば、決算書上の利益金額に特別償却分は加味されないため、経営事項審査では有利に働きます。
　その他にも、経理処理で評点が変わることもありますので、決算時には評点をアップすることができるか顧問税理士と相談し、決算対策をされることをおすすめいたします。

MEMO

事例 44

# 医療法人の事業承継

私は医療法人の理事長を務めています。この度息子が医学部を卒業し、ようやく後継者ができたと一安心しています。医療法人の出資にも相続税がかかると聞きましたが、私には子供は1人しかいないため、相続でもめる心配もないし、まだ先の話だと思い、特に何も対策は行っていません。

医療法人の出資は、原則として一般の非上場株式と同様の方法により評価します。医療法人は収益性が高く、その出資の評価額は高額になりがちです。一方、一般の非上場株式と比べ、その処分においては制限が多く、換金性が低いため、出資を多く所有する方の相続が発生した場合、その相続人は納税資金の確保に苦慮する可能性があります。

**正しい対応**　医療法人の出資は評価額が高くなることが多いため、生前に計画的に後継者に贈与する等の対策が必要です。また、出資者全員が持分の放棄をし、「持分の定めのない社団医療法人」へ移行すれば、医療法人の出資は相続税の対象とならなくなります。円滑な事業承継を行うためには「持分の定めのない社団医療法人」への移行も検討する必要があるでしょう。

［ポイント解説］

### (1) 医療法人の類型と財産権

　現行の医療法では、平成19年4月1日以後に設立が認められる医療法人は「持分の定めのない医療法人」に限られております。この医療法人には出資という概念がなく、相続等の際の財産評価は必要ありません。一方、従前の「持分の定めのある社団医療法人」は、新しく設立することはできませんが、「経過措置型医療法人」として当分の間存続が認められています。「持分の定めのある社団医療法人」は相続等の際にその「出資」の評価をする必要があります。

## (2) 医療法人の出資の特徴

### ①評価方法

医療法人の出資は、財産評価基本通達に基づき、原則として非上場株式と同様の方法により評価します。ただし、医療法人には配当が認められていないため、類似業種比準価額方式を採用する際には配当を考慮せずに、「利益」「純資産」の2要素をもとに計算します(事例17参照)。

また、配当還元方式の適用はありません。

### ②相続に伴う金庫株の特例の適用なし

非上場株式をその発行会社へ譲渡した場合(金庫株)、譲渡者には原則として「みなし配当」が課税されますが、相続後の一定の譲渡の場合には「みなし配当」課税が行われない特例があります(事例38参照)。

医療法人には自己の出資を買い取る、という考え方はありませんが、出資者は一定の場合には出資の払い戻しを受けることができます。しかし、医療法人の場合には上記の金庫株の特例の適用はなく、払い戻しを受ける者には「みなし配当」が課税され、所得税等の負担が重くなることが考えられます。

### ③物納不可

非上場株式は一定の要件を満たせば物納することができますが(事例39参照)、医療法人の出資は物納対象財産となっていないため、物納することはできません。

### ④出資持分についての相続税・贈与税の納税猶予の特例

持分の定めのない医療法人への移行を検討する法人に対して、相続税や贈与税の納税を猶予する制度が創設されました。

## (3)「持分の定めのない社団医療法人」への移行

医療法人の定款を変更することにより、「持分の定めのある社団医療法人」から「持分の定めのない社団医療法人」へ移行することができます。具

体的には、定款上の持分に関する規定を削除し、解散時の残余財産が国等へ帰属するようにします。

　「持分の定めのない社団医療法人」へ移行した場合には、その出資は相続税の対象とならなくなります。ただし、一度「持分の定めのない社団医療法人」へ移行した後、再度「持分の定めのある社団医療法人」へ戻ることはできませんので、移行に際しては慎重に判断を行う必要があります。

[医療法人制度改革図]
改正医療法施行に伴う医療法人の移行

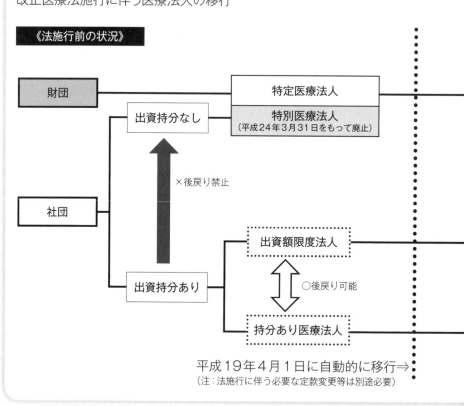

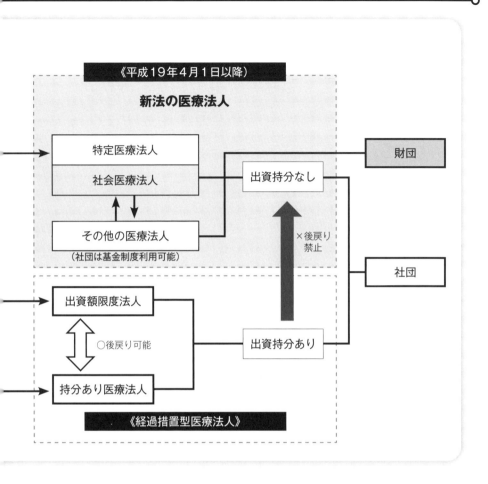

# 第4章

# 事業承継税制

事例45　相続税の納税猶予（一般措置）
事例46　贈与税の納税猶予（一般措置）
事例47　新事業承継税制（特例措置）の概要
事例48　特例承継計画の提出
事例49　譲渡・解散等があった場合
事例50　適用するのが難しいケース
事例51　親族から贈与を受けた場合
事例52　親族外に株式を承継した場合
事例53　資産管理会社で適用する場合の留意点
事例54　納税猶予制度の適用を誤ってしまった事例
事例55　医療法人の出資持分の相続税の納税猶予

事例45

# 相続税の納税猶予（一般措置）

　私はアパレルメーカーであるA社で代表取締役をしております。
　3年前に代表取締役であった父が他界し、相続により父の保有していた自社株（100％）の全てを取得し、そのうち3分の2について、相続税に係る自社株の納税猶予制度（事業承継税制・一般措置）の適用を受けました。
　会社の経営は当初は順調でしたが、最近業績が急速に悪化しておりました。
　ちょうどその折、報道で事業承継税制が変わったと知り、会社再建をすべく大規模なリストラ（現在の従業員数の半分を削減）を断行しました。なぜかというと、新事業承継税制では雇用要件が5年平均8割を満たさなかった場合でも猶予が継続される場合があると聞いたからです。
　その後、顧問税理士にリストラの件を報告したところ、このリストラが相続税の納税猶予の取消事由に該当することを指摘されてしまいました。

**失敗のポイント**

現在A社で適用されている事業承継税制（一般措置）から自動的に新事業承継税制（特例措置）に切り替わることはないですし、切り替えられません。

本事例の場合では、事業承継税制（一般措置）の「事業継続要件（雇用の8割以上の維持）」に該当しないこととなったため、納税猶予されていた相続税額を負担しなければならなくなりました。

**正しい対応**

日々の業務に忙しい経営者が最新の税制等を正確に把握しておくことは困難であり、また効率的ではありません。よって事業承継にかかる税務や法務に詳しい専門家をアドバイザーに迎え、常に最新の情報を正確に把握することができる体制にしておくことが望ましいでしょう。

［ポイント解説］

　後継者が、自社株を相続により取得した場合には、その後継者の納税が80％猶予されます（相続前から後継者が既に保有していた議決権株式等を含め発行済議決権株式総数の3分の2に達するまでの部分）。

事業承継税制（一般措置）
⇒5年間の雇用平均が8割未達の場合、猶予された税額を全額納付

事業承継税制（特例措置）
⇒5年間の雇用平均が8割未達でも猶予は継続
※5年平均8割を満たせなかった場合には理由報告が必要。経営悪化が原因である場合等には、認定支援機関による指導助言が必要。

**被相続人の要件**

○ 会社の代表者であったこと。
○ 相続開始直前において被相続人と同族関係者で発行済議決権株式総数の50％超の株式を保有かつ同族内で筆頭株主であった場合。

**認定対象会社の要件**

○ 中小企業基本法の中小企業者であること（特例有限会社、持株会社も対象）。
○ 非上場会社であること。
○ 資産管理会社に該当しないこと。等

※「資産管理会社」とは、有価証券、不動産、現金等の合計額が総資産の70％以上を占める会社、及びこれらの運用収入の合計額が総収入額の75％以上を占める会社です。ただし、事業実態のある会社は除きます。

**対象となる中小企業者の範囲**

| | | 資本金の額　**または**　従業員の数 ||
|---|---|---|---|
| 製造業、建設業、運輸業、その他の業種 | | 3億円以下 | 300人以下 |
| | ゴム製品製造業（自動車または航空機用タイヤ及びチューブ製造業並びに工業用ベルト製造業を除く） | | 900人以下 |
| 卸売業 | | 1億円以下 | 100人以下 |
| 小売業 | | 5千万円以下 | 50人以下 |
| サービス業 | | 5千万円以下 | 100人以下 |
| | ソフトウエア業または情報処理サービス業 | 3億円以下 | 300人以下 |
| | 旅館業 | 5千万円以下 | 200人以下 |

## 相続人の要件

○ 会社の代表者であること。
○ 相続人と同族関係者で発行済議決権株式総数の50％超の株式を保有かつ同族内で筆頭株主となる場合（1つの会社で適用される者は1人）。

5年間の事業継続。具体的には
○ 代表者であること。
○ 5年平均で雇用の8割以上を維持。

> 厚生年金保険及び健康保険加入者がベース（「パート」等の非正規社員は除く）

○ 相続した対象株式の継続保有。

> 組織再編を行った場合であっても、実質的な事業継続が行われているときには認定を継続

被相続人 → 相続人（後継者）

株式の相続

**事業継続要件**

5年間

会社

**認定**

[認定基準]
被相続人、相続人及び会社に係る要件等に該当しているか否か。

都道府県知事

事業継続のチェック

事業継続期間は毎年1回、その後は3年ごとに税務署長への届出が必要

その後は対象株式を継続保有していれば、次の場合に相続税の猶予税額を免税する。
○ 経営者が死亡した場合。
○ 会社が破産または特別清算した場合。
○ 対象株式の時価が猶予税額を下回る場合（ただし、時価を超える猶予税額のみ免除）。
○ 次の後継者に対象株式を一括贈与した場合。

〈事例45〉相続税の納税猶予（一般措置）

事例 46

# 贈与税の納税猶予（一般措置）

　私は建設会社であるB社で代表取締役社長をしております。

　会社の継続・発展のためには世代交代が必須であると考え、昨年より長男を取締役に就任させ、後継者として会社経営のノウハウを教えてまいりました。

　いよいよ私自身も高齢になってきたため、長男に全ての会社運営をまかせようと思っていますが、私が引退することによる取引先への影響を考えますと、まだ不安な面も残ります。

　そこで、まずは長男を代表取締役社長に就任させ、私が保有する自社株を全て長男に贈与しますが、私は引き続き代表取締役会長として残り、様子を見ることにしようと思っています。

　いつ自社株を贈与するかについてはまだ検討中ですが、現状では、贈与税に係る自社株の納税猶予制度（事業承継税制・一般措置）を利用しようと考えています。

　その後、この件について税務署へ相談に行った

ところ、贈与税に係る自社株の納税猶予制度（事業承継税制・一般措置）を適用することはできないと言われてしまいました。

> **失敗のポイント**
>
> 贈与税に係る自社株の納税猶予制度（事業承継税制・一般措置）は、贈与者への適用要件として「代表権を有していない」ことが必要となりますので、代表権を有したままになっていると、納税猶予制度（事業承継税制・一般措置）の適用を受けることができません。

> **正しい対応**
>
> 贈与税に係る自社株の納税猶予制度（事業承継税制・一般措置）は、贈与者については代表権を外す必要がありますので、引き続き会社に残りたい考えがある場合には代表権を有していない取締役、特別顧問、相談役等の立場で参加する方法を検討する必要があります。

[ポイント解説]

先代経営者保有の対象株式の全部を一括で贈与により取得した場合には、猶予対象株式等の贈与に係る贈与税の全額の納税が猶予されます（相

**被相続人の要件**

既に後継者が所有していた分も含め発行済議決権株式総数の2/3まで適用可能

**先代経営者**

[相続の場合]
・会社の代表者であったこと。
・先代経営者と同族関係者で発行済議決権株式総数の50％超の株式を保有し、かつ同族内で筆頭株主であった場合。

[一括贈与の場合]
・左記要件の他、代表権を有していないこと。

**相続時精算課税制度との併用**

後継者が贈与税の納税猶予制度の適用を受けている場合であっても、後継者を含む推定相続人は相続時精算課税制度を利用可能。

続前から後継者が既に保有していた議決権株式等を含め発行済議決権株式総数の3分の2に達するまでの部分)。

※贈与税の申告期限までの間に都道府県知事の経営承継円滑法の認定を受ける必要がある。

参考:p.242、相続税の納税猶予(一般措置)

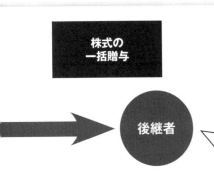

**[相続の場合]**
・会社の代表者であること。
・後継者と同族関係者で発行済議決権株式総数の50%超の株式を保有し、かつ同族内で筆頭株主となる場合。
(1つの会社で適用されるのは1人)

**[一括贈与の場合]**
・上記要件の他、20歳以上、かつ役員就任から3年以上経過していること。

[例] 発行済議決権株式総数の100%を一括贈与した場合

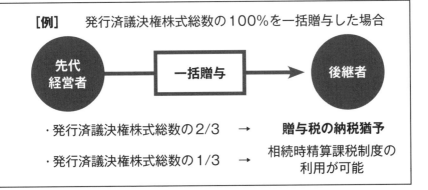

事例47

# 新事業承継税制（特例措置）の概要

　私は今年78歳になる中小企業のオーナーです。妻には10年前に先立たれ、それから息子と二人三脚で会社を切り盛りしてきましたが、最近、年齢のせいか、非常に疲れやすく、心身ともに不安を感じております。

　この度、新しい事業承継に関する税制ができたと聞きました。詳しい内容は知りませんが、株式を無税で相続・贈与できたり、従業員の雇用要件が緩和されたりと非常に使いやすい内容になったみたいなので、今年のうちに後継者である息子に株式を贈与してしまい、この税制を適用しようと思っています。

　しかし、顧問税理士に相談したところ、この制度はメリット・デメリットがあり、適用しない方がよい会社もあるため、内容を理解した上で、まずは適用を受けた場合の検証をすることが必要だと言われています。

　顧問税理士の意見もわかりますが、いつ相続が起きるか不安なこともあり、多少のデメリットが

あっても構わないので、とりあえず息子に株式を渡してしまおうと思っています。

　急ぐ気持ちはわかりますが、新しい税制を、制度の内容を理解しないまま使うことは非常に危険なことです。顧問税理士も言うように、新事業承継税制（特例措置）は、従来の制度に比べて使い勝手がよくなった反面、適用を受けない方がよい会社もあります。また、適用した後に会社の廃業等により、結果として適用できなくなるケースもあり、この場合、株式を贈与された息子さんに対して猶予されていた贈与税の課税がおきる恐れがあります。

　まずは、制度の内容・メリット・デメリット等をしっかりと理解する必要があります。そして、貴社の現状を把握した上で、制度を適用した場合の検証を行うことが大事です。検証の結果によって、新事業承継税制を適用するかどうか、決定するのがよいと考えます。

〈事例47〉新事業承継税制（特例措置）の概要

[ポイント解説]

## (1) 新事業承継税制（特例措置）の概要

　事業承継税制は、平成30年4月1日から10年間、従来の制度（一般措置）と新しい制度（特例措置）の2本立てとなっており、下記では、特例措置の内容について触れています。

### ①対象株式数・猶予割合の拡大

　一般措置は納税猶予の対象となる株式数に3分の2の上限を設けており、また、相続税の猶予割合も80％（贈与税の猶予割合は100％）であったことから、後継者は多額の贈与税・相続税を負担することもありました。

　これが、特例措置では、対象株式数の上限が撤廃され全株式が適用可能となり、さらに納税猶予割合も100％に拡大されました。

### ②承継パターンの拡大

　一般措置は現経営者と後継者との1対1の関係でした。

　しかし、特例措置は、親族外を含む複数の株主から代表権を有する複数の後継者への承継が可能となり、会社の経営実態に合わせた多様な事業承継への対応が可能となります。

### ③雇用要件の緩和

　一般措置は承継後の5年間で平均8割以上の雇用を維持できなければ納税猶予が打ち切りとなってしまったため、働き手不足の昨今において、人材確保は会社にとっての大きな懸念でした。

　しかし、特例措置は、上記の雇用要件を満たせなかった場合でも、その満たせなかった理由を記載した書類を都道府県に提出することにより、引き続き納税猶予は継続されることとなりました。

### ④経営環境変化への対応

　一般措置は承継後に後継者が自主廃業やM&Aで会社を売却することに

なった場合には、猶予されていた税額を全額納付する必要がありました。

しかし、目まぐるしく変わる経営環境に対応すべく、特例措置は承継後5年が経過した後に廃業やM&Aを実行した時には、その時の株価で税額を再計算できることとなりました。

### (2) 事業承継税制のメリット、デメリット

事業承継税制に特例措置ができたことにより、経営者は下記のメリットが考えられます。
・実質無税で事業承継ができる。
・承継パターンが拡大したことにより、親族以外の後継者にも渡すことができる。
・相続時精算課税制度と併用することにより、株価が高額な場合でも、暦年贈与と比べ税負担を抑えられる。
・廃業や会社売却時にも減免措置がある。そのため、業績の悪化等により将来的に会社を売却等せざるを得ない場合でも、猶予されていた税金の納税に対する不安を極力抑えられる。

そのため、一般的には、どの会社であっても適用するのが有利になると思われますが、下記に挙げるような会社は、適用するのに向いていない（難しい）といえます（事例50参照）。

#### ①現経営者が代表者を退任しない場合

事業承継税制を贈与で適用していく場合には、贈与時において代表取締役を辞任していなければならないため、贈与後も引き続き代表者として経営に携わりたい場合に、適用は難しいといえます。

#### ②特例制度の適用期間内（平成39年12月31日まで）に事業承継できるかどうか不明な場合

特例措置を適用する場合、平成39年12月31日までの株式贈与等が対象とされています。よって、後継者不在等でその期間内の承継ができない場

合(考えていない場合)には、適用は難しいといえます。

### ③資産管理会社に該当している場合

　会社が資産管理会社(資産保有型会社または資産運用型会社)に該当している場合には、そもそも事業承継税制の適用を受けることができません。

　この場合、資産管理会社に該当しないような工夫を行う必要があります(事例53参照)。

### ④その他

　黄金株を持ちたいと考えている場合、遺留分対策ができていない場合、自社株を現金化したいと考えている場合なども、適用するのに向いていないといえます。

[特例措置と一般措置の比較]

| | 特例措置 | 一般措置 |
|---|---|---|
| 事前の計画策定等 | 5年以内の特例承継計画の提出 平成30年（2018年）4月1日から平成35年（2023年）3月31日まで | 不要 |
| 適用期限 | 10年以内の贈与・相続等 平成30年（2018年）1月1日から平成39年（2027年）12月31日まで | なし |
| 対象株数 | 全株式 | 総株式数の最大3分の2まで |
| 納税猶予割合 | 100％ | 贈与：100％ 相続： 80％ |
| 承継パターン | 複数の株主から最大3人の後継者 | 複数の株主から1人の後継者 |
| 雇用確保要件 | 弾力化 | 承継後5年間平均8割の雇用維持が必要 |
| 事業の継続が困難な事由が生じた場合の免除 | あり | なし |
| 相続時精算課税制度の適用 | 60歳以上の者から20歳以上の者への贈与 | 60歳以上の者から20歳以上の推定相続人・孫への贈与 |

参照：国税庁「非上場株式等についての贈与税・相続税の納税猶予・免除（事業承継税制）のあらまし」

事例48

# 特例承継計画の提出

　私は卸売業を営んでいる会社の代表取締役社長です。創業以来黒字経営を続け、今後もしばらくは順調に進めていけそうですが、私も60代半ばになりそろそろ事業承継を考えています。先日顧問税理士に相談したところ、自社株の評価が想像以上に高く、将来の相続税が不安になってきました。

　ところで、事業承継税制に改正があり、自社株に係る贈与税・相続税を負担することなく事業承継ができると聞きました。ただし、改正後の事業承継税制では、5年以内に後継者等を記載した特例承継計画を提出しなければならないそうです。当社は私の長男と二男が働いておりますが、二男は最近当社で働き始めたばかりで、どちらを後継者にするかはこれから10年くらいの2人の働きぶりをみて決めようと考えております。改正後の事業承継税制は非常に魅力的な制度ですが、当社はまだ何も決まっていない状況のため、5年以内に後継者も含めて事業承継のことを全て決めるの

は難しいと思いますので、他の方法で事業承継は考えていこうと思います。

**失敗のポイント**

社長は平成35年3月31日までに後継者をどちらか1人に決めて、その後継者を記載した特例承継計画を提出しないと事業承継税制の特例は使えないと考えていました。

**正しい対応**

特例承継計画は、株式の承継を受ける予定の後継者（最大3名）等を記載して平成35年3月31日までに提出します。その後、平成39年12月31日までに贈与または相続等で社長から後継者に自社株を移すことにより、事業承継税制の特例の適用は可能になります。なお、特例承継計画提出前に贈与または相続等があった場合でも、平成35年3月31日までであれば、都道府県に認定申請をする際に特例承継計画を提出することにより特例の適用が可能となります。また、特例承継計画提出後にその記載内容について変更があった場合には、変更申請書を提出することにより変更することができます。

事業承継税制の特例を適用するか迷われている場合には、ひとまず平成35年3月31日までに特例承継計画を提出してから考えるのも一つの方法です。

［ポイント解説］

　特例承継計画は、事業承継税制の特例で新たにできた手続きになります。事業承継税制の特例の適用を受けるためには、この特例承継計画を平成30年4月1日から平成35年3月31日までに都道府県に提出し、その確認を受けなければなりません。

### (1) 特例承継計画の記載内容

　特例承継計画には、下記の事項を記載します。
　①特例の適用を受けようとする会社の名称
　②株式を承継しようとする代表者の氏名及び代表権の有無
　③代表者から株式を承継する後継者の氏名
　④後継者が代表者から株式を承継するまでの期間の経営計画
　⑤後継者が株式を承継した後5年間の経営計画

### (2) 認定経営革新等支援機関による所見等

　特例承継計画は作成した後、認定経営革新等支援機関※から指導及び助言を受け、その内容を記載しなければなりません。
※認定経営革新等支援機関…中小企業等に対して専門性の高い支援を行うことができる一定の専門的知識及び経験をもった金融機関、税理士、公

認会計士、弁護士などで国が認定した機関をいいます。

## (3) 変更申請書

　特例承継計画を提出した後、その計画内容に変更があった場合には変更申請書を都道府県に提出し、その確認を受けなければなりません。その場合、再度認定経営革新等支援機関から指導及び助言を受けなければなりません。

## (4) 気をつけるべきこと

　特例承継計画に記載した後継者が代表者から自社株の移転を受けた後は、その後継者を変更することはできません。ただし、特例承継計画に記載した他の後継者で自社株の移転を受けていない者は、変更申請書を提出することにより変更することができます。

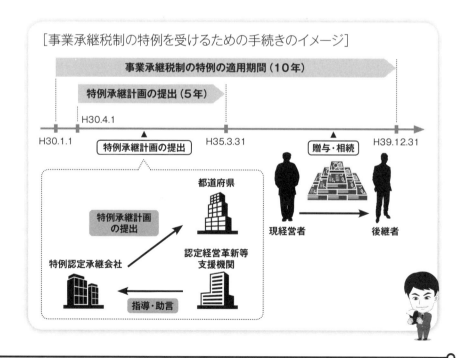

## 事例49
## 譲渡・解散等が あった場合

　私は、印刷会社のＦ社で代表取締役をしておりました。7年前に先代経営者である父が代表取締役を引退したことにより、後継者候補であった私が、父の保有していた自社株の全部を贈与により譲り受け、事業を承継しました。その際に贈与税に係る自社株の納税猶予制度の特例措置を適用しました。

　しかし、事業承継後の業界縮小等により、会社の業績が年々右肩下がりとなってきたため、この度、私の所有する自社株の全部を第三者へ売却することを決断しました。

　納税猶予制度の特例措置では、会社の業績が赤字続きである場合には、当初の猶予税額が減免される規定があると聞きました。そこで、これを機会に会社の人員削減のため早期退職によるリストラを実施し、その退職金を特別損失として計上し、今期と前期で2期連続の赤字状態を作りました。

　その上で、株式を譲渡し、猶予税額の減免を申請しましたが、単に赤字状態が続いているだけで

は減免措置の適用は受けられないことが判明しました。

結果として、当初の猶予税額とそれに伴う多額の利子税を支払うこととなってしまいました。

納税猶予制度の特例措置で創設された、会社を譲渡・解散等した場合の猶予税額の減免制度については、損益計算書の経常損益が２期連続で赤字であることが要件です。

本事例の場合では、早期退職金による特別損失の計上により最終的な損益は赤字となっていましたが、経常損益は黒字となっていたため、事業の継続が困難とされる一定の事由に該当せず、減免制度の適用が受けられないこととなってしまいました。

本事例の場合に減免制度を適用するには、損益計算書の経常損益が２期連続で赤字となっていることが必要でした。減免制度についてはこの他にもいくつかの事業の継続が困難とされる事由が定められていますので、単に業績が赤字続きだからといってすぐに株式を譲渡せず、減免制度の要件をきちんと確認することが必要となります。

〈事例49〉譲渡・解散等があった場合

[ポイント解説]

　平成30年度税制改正において、会社を譲渡・解散等した場合の減免制度が創設されました。
　この制度は経営悪化等に基づく一定の事由が生じている場合には、譲渡・解散等があった時点の評価額（売却価額）等を基に納税額を再計算し、当初の納税猶予額と再計算した税額との差額が減免される制度です。

**（1）事業の継続が困難とされる一定の事由**
　事業の継続が困難とされる一定の事由とは、特例承継期間後に以下のいずれかに該当している場合となります。
①過去3事業年度のうち、2以上の事業年度における経常損益金額が赤字である場合
②過去3事業年度のうち、2以上の事業年度における売上高がその事業年度の前年の事業年度の売上高と比べて減少している場合
③直前事業年度終了の日または直前事業年度の前事業年度終了の日における有利子負債の帳簿価額がその事業年度の売上高の6ヶ月分以上である場合
④会社の事業が該当する業種に属する事業を営む上場会社の平均株価（直前事業年度終了の日以前1年間の終値平均または直前事業年度の前事業年度終了の日以前1年間の終値平均）がその前年1年間または前々年1年間の平均より下落している場合
⑥特例後継者に会社の経営を継続できない心身の故障等が生じた場合（解散の場合を除く）

## (2) 減免額

次の算式により計算された金額が減免される金額となります。

減免額＝当初の納税猶予額－（再計算後の納税額＋直前配当等の額）

上記算式中、再計算後の納税額は、譲渡の場合には譲渡対価となり、解散の場合には解散時における相続税評価額に基づく納税額となります。

なお、譲渡の場合には、その時の相続税評価額の50％に相当する金額が減免額の下限となりますが、譲渡対価が相続税評価額の50％未満の場合には、一旦50％分までが免除され、2年後、譲渡した事業が継続され、かつ、雇用が半数以上維持されている場合には、残額が免除となります。

また、直前配当等の額は、過去5年間に特例後継者及びその同族関係者に支払われた配当及び過大役員給与の合計額となります。

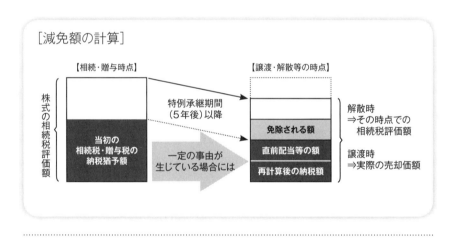

［減免額の計算］

# 医療法人の事業承継

　医療法人につきましては平成19年に制度改正が行われ、出資持分のある医療法人については、当分の間、その形態は維持されますが、平成19年4月1日以降は出資持分ありの医療法人は設立できなくなりました。
　よって、解散時の残余財産は国等へ帰属することになります。
　今回の事業承継は、そんな医療法人の事業承継の話です。
　弊社が携わったのは、奥様の相続がきっかけでした。3年前に理事でありまた医師でもあった奥様が亡くなられ、現在は夫である理事長が先頭に立って病院経営の舵取りをしています。後継者であるご子息もその病院で医師をしています。とても立派なご子息ですが、理事長からすると頼りないのでしょう、「息子には今の病院を継がせるだけの能力がない」と常日頃からお話をされていました。
　そしてあるとき、理事長が、
　「うちの病院を出資持分のある医療法人から、持分のない医療法人に移行する」
と言い出しました。
　ということは、出資に対する財産権がなくなり、その分の純資産が国等へ帰属する、すなわち今まで蓄積した病院の財産を放棄するということです。
　これにはとても驚きました。
　その病院の純資産は約150億円、それを放棄するわけです。また、そのご子息はとても優秀な方だったからなおさらです。理事長が思っているほど能力がないわけではないでしょうし、地位は人をつくる、ではありませんが、ご子息が理事長になって病院を経営したらそれなりの人物にもなると思えたからでした。
　ただし、移行せざるをえない大きな問題が1つありました。それは、「相続税」の問題です。
　奥様が亡くなったときの相続税、そして将来理事長が亡くなるときの相続税を考えますと、今後支払う数十億円といった納税ができるかどうかは未知数と思われました。理事長は相続税についても十分に考えたのでしょう、苦渋の決断をした理事長には頭が下がる思いでいっぱいですが、相続税の負担が少なければ移行するといった決断をせずにすんだと思います。
　やはり、早いうちからの相続税の納税資金対策や財産評価引き下げ対策はとても重要だと痛感させられた事例でした。

事例 50

# 適用するのが難しいケース

　私(創業者)には、30代の長男と20代の二男の2人の子供がおり、2人とも会社の取締役に就任しております。事業承継税制が緩和されたこともあり、また、長男も取締役となって5年経ったので、これを機に私が代表取締役を辞任し、二代目社長として長男を指名しました。また、私が100％保有していた自社株については、改正後の事業承継税制に基づく生前贈与により、全株を長男へ贈与しました。

　長男が経営を引き継いで数ヶ月たちましたが、本人から経営を続けていく自信がない、代表取締役を降りたいという申し出がありました。社内でも、私が代表を降りて長男に経営権の全てを渡したことに不安を感じている声も聞こえてきます。

　ただ自社株については、事業承継税制による贈与をしているため、今、長男が代表を降りると納税猶予した贈与税全額を負担しなければなりません。

**失敗のポイント**

事業承継税制による相続または贈与は、一度適用すると後戻りができません。また、後継者の代表権は相続または贈与をしてから5年間は継続することが要件となっており、最低でも5年は社長業を継続する必要があります。後継者が贈与の後に代表の辞任や自社株の売却等をしてしまうことでせっかく猶予されていた税額をその時点で納付しなければならないことになります。本件では、後継者が会社を継ぐ意思をしっかり把握せず、また、自身が代表を退くことの従業員等周りへの影響を熟慮せず、贈与を実行してしまったことが失敗のポイントです。

**正しい対応**

後継者へ自社株の贈与をする際に事業承継税制を適用する場合には、財産権とともに経営権も渡す必要（創業者の代表辞任と後継者の代表就任がセット）がございます。そのため、実行に際しては、会社の経営状況、会社関係者（取引先や従業員等）への影響、後継者の資質や心情などを熟慮した上で慎重な判断が求められます。改正

後の納税猶予制度は、平成39年12月31日までの贈与または相続に対して適用されるため、その期間を有効活用し、その間で贈与のタイミング＝経営権の委譲を検討した方がよいのではないかと思われます。

［ポイント解説］

　事業承継税制は、平成30年度税制改正により大幅に要件等が緩和され、経営者の自社株の相続がしやすくなったといわれております。ただし、適用時に要件を満たせば免除されるわけではなく、適用後も納税が猶予されている状態が続き、その後に適用要件を満たさない事象があった（後継者が株式を手放す等）場合にはその時点で猶予されている税額と利子税といわれる利息相当分を納付しなければならない制度になっております。

　また、贈与または相続により自社株が承継された後は後戻りできません。後継者に贈与した株式を買い戻すなどした場合は、納税猶予額の納税と買い戻しによる譲渡税等が生じる可能性があり、むしろ贈与前よりも多額の納税が生じる可能性があります。

　そのため、事業承継税制を活用した贈与を行う場合には、将来的にも適用要件を満たすことを想定すべきです。現時点において事業承継税制の適用が難しい場合には、平成39年12月31日までの期間があるため、すぐに適用するのではなく課題をクリアした上で適用を検討すべきであると考え

ます。

　事業承継税制の適用が難しいとされるケースを次にまとめました。特に③や⑧については、会社の問題というよりは、個人の相続問題が関連するため、将来的な遺産分割のバランス等も検討の余地があるかと思います。

①後継者が不在 ⇒ M&A、役員・従業員への承継
②一族で議決権の過半数を保有していない（株式が分散している）
③親族等における遺留分の問題がある
④代表取締役を退任したくない
⑤後継者の経営力に不安がある
⑥特例期間内(10年以内)に事業承継ができない
⑦資産管理会社に該当する会社（ex.上場株式の持株会社、不動産賃貸会社）
⑧株式を子供達に均等に承継したい場合 ⇒ 後継者は無税、その他は課税

## 事前準備が大切です

　先日、ご相談があったお話です。
　お客様から会社を清算したいということでお話がありました。
　その理由は、十数年前にご子息を後継者として事業承継を行ったのですが、突然そのご子息が会社をお辞めになり、家を出ていってしまったそうです。
　社長としましては、現在は歳も70を超え、後継者もおらず、そろそろ引退したいので会社を清算したいというお話でした。
　また、ご子息が会社に入ったことで給料も大幅に下げ、事業の引き継ぎをしていたのですが、ご子息にとっては入社してすぐに社長業への対応に迫られたことや会社経営に対する責任感に耐えられなくなったようなのです。
　最近は、現社長が会長になり、後継者（例えばご子息）が社長になることで、現社長が完全に現役を退く前に、後継者に社長業の教育をするというのはよくみられるようになりましたが、とてもよいことだと思いますし、私もクライアントにはそのようにおすすめしています（私の場合は、会長でも代表権のある会長になることをおすすめしています）。また、現社長が会社を大きくした時期には、現社長を支え、会社のために一生懸命に働いてくれた社員が複数いたのではないかと思いますが、後継者にとってのそういったいわば番頭格の人材育成を併せて行うことができれば、よりスムーズな事業承継が期待できます。
　急に社長業をやれと言われても、その心構えや経営・マネジメントに関する知識等がなければ社長業は務まらないと思います。何事もそうですが事前準備が大切、というのは事業承継に限ったことではありません。
　急がずじっくりと人の承継を行っていくのも一つの方法だと思います。

事例 51

# 親族から贈与を受けた場合

　私（後継者）は三代目社長としてＡ社の経営をしています。

　Ａ社は、創業者である祖父から株式を相続した父（先代社長）が70％、父の妹である叔母（会社の経営には関与していません）が30％、株式を保有しています。

　叔母には息子（従兄弟）が２人いますが、Ａ社には全く関係のない仕事についており、Ａ社を継ぐ気もないそうです。

　事業承継税制では、父（先代経営者）以外からの贈与についても対象となると聞きましたので、父からの贈与と合わせて叔母からも贈与を受けました。

　Ａ社を継ぐ気がなく、会社の経営にも関心がない従兄弟たちには特に確認をしませんでした。

**失敗のポイント**

叔母に相続が発生した場合には、後継者は叔母から贈与を受けたＡ社の株式について、叔母から相続により取得したものとみなされるため、叔母の相続税の申告に関わることになります。

従兄弟たちとの関係が良好の場合はまだしも、疎遠になっている場合などは、相続税の申告を纏めるのに大変苦労することが予想されます。

**正しい対応**

父や母以外の親族株主から事業承継税制を利用して株式の贈与を受ける場合、その株主に相続が発生した場合に想定される事態を理解し、予めその株主の相続人からの了承を得た上で行うようにすべきでした。

### [ポイント解説]

贈与税に係る事業承継税制を適用している場合、下記に注意が必要です。

## (1) 贈与者に相続が発生した場合

事業承継税制を適用した後に贈与者に相続が発生した場合、贈与税の納税猶予は免除となりますが、その株式は受贈者が贈与者から相続で取得したものとみなされて、相続税の課税対象となります。

ただし、一定の要件を満たした場合には、贈与税の納税猶予から相続税の納税猶予に切り替えることができます。

## (2) 父や母以外の親族株主から贈与を受ける場合

父(先代経営者)に相続が発生した場合には、後継者は父の法定相続人であることから、当然に父の相続税の申告に関わることになります。

叔母に相続が発生した場合、後継者は叔母の法定相続人ではないため、事業承継税制を適用していなかったとしたら後継者が叔母の相続税の申告に関わることはありません。

しかし、事業承継税制を適用して叔母から株式の贈与を受けた場合、後継者が株式を叔母から相続により取得したものとみなされますので、後継者も叔母の相続税の申告に関わることになるのです。

懸念される点としては下記のようなものがあります。

① 叔母の相続財産の状況の全てを知ってしまうことになりますので、叔母の相続人の中には情報を開示することに抵抗を感じる方がいる可能性があります。

② 贈与税の納税猶予から相続税の納税猶予に切り替えることができますが、相続税の納税猶予の計算過程においては、過去に贈与した株式を相続

財産に加えて相続税の総額を計算した上で、相続税の納税猶予額を計算します。

　相続税は累進課税となっているため、株式の評価額が高い場合には相続税の総額が高くなります。後継者については相続税の納税猶予を適用すれば相続税の納税負担を抑えることができますが、相続人である従兄弟たちについてはそのような恩恵がないため、高い相続税の負担を強いられることになります。

　叔母の株式について、事業承継税制を適用せずに単純に生前贈与をしてもらった場合には、生前贈与した株式は相続財産とはみなされず、従兄弟たちの相続税の負担額に影響を与えることもありません。

　事業承継税制を適用した場合、株式という財産が相続人以外の手元に渡ってしまった上に、相続人の相続税負担も重くなるため、理解を得るのは難しい可能性もあります。

　父や母以外の親族株主から事業承継税制を利用して株式の贈与を受ける場合、今後起こり得る事態を理解し、将来問題が起こらないように留意して行うべきでしょう。

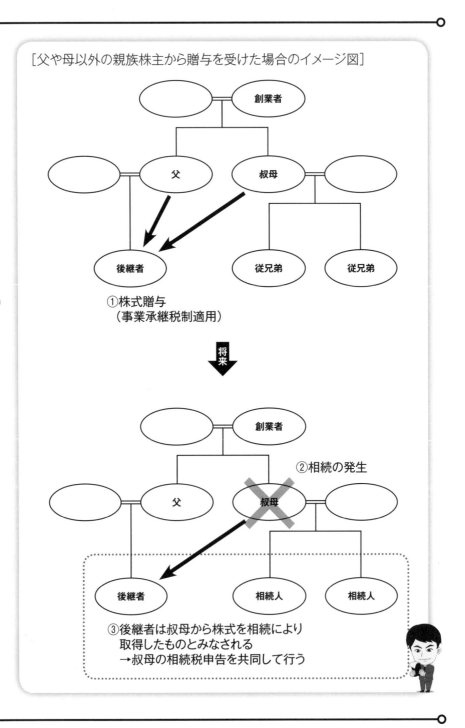

# MEMO

事例 52

## 親族外に株式を承継した場合

　オーナーには2人の娘がいましたが、いずれも後継者ではなかったため、親族ではない社員を後継者として株式を承継することになりました。後継者はオーナーからの贈与によって株式を取得したため、事業承継税制を適用し、贈与税の納税猶予を受けました。

　その後、オーナーに相続が発生したため、後継者は相続財産とみなされた株式にかかる相続税について、事業承継税制を適用しようと考えていました。

　ところが、オーナーの財産は株式以外は僅かであったため、後継者は2人の娘から遺留分に相当する金銭の請求を受けてしまいました。後継者は会社に株式の一部を売却して得た金銭を、2人の娘に支払うことになりました。

　株式の売却が経営承継期間内であったため、後継者は、事業承継税制を適用して相続税の納税猶予を受けることができなくなってしまいました。

**失敗のポイント**

オーナーは、娘の遺留分に対する準備を行っておらず、遺留分を侵害しない程度の財産を娘に相続させることができませんでした。

また、贈与税について事業承継税制を適用した場合には、相続時には贈与財産を相続財産とみなして相続税を計算することになります。要件を満たす場合には、相続税について事業承継税制を適用することは可能ですが、経営承継期間内に納税猶予を受けた株式の一部を売却した場合には、猶予された相続税の全額を、利子税とあわせて納税しなければなりません。

**正しい対応**

遺留分に関する民法の特例制度である「除外合意」を行い、遺留分を算定するための財産の価額に株式の価額を算入しないことの合意をしていた場合には、後継者に対して遺留分減殺請求が行われず、株式を譲渡することを避けることができました。

また、娘に対して遺留分に相当する財産を残しておくことや、株式の一部を無議決権化して娘に承継させることで、後継者は株式を譲渡することなく、相続税に対して事業承継税制を適用し、納税の猶予を受けることが可能でした。

[ポイント解説]

### ①遺留分の計算

贈与した相手が親族以外であっても、相続開始前1年以内に行われた贈与や、贈与者及び受贈者の双方が遺留分の権利者に損害を与えることを知っていて行われた贈与については、その贈与財産の価額を遺留分の算定に含めることになります。

### ②遺留分に関する民法の特例制度

後継者がオーナーからの贈与等により取得した特例中小企業者の株式について、オーナーの推定相続人及び後継者は、その全員の合意をもって、次の内容を定めることができます。

[民法の特例]

| 特例 | 内容 | 効果 |
| --- | --- | --- |
| 除外合意 | 特例中小企業者の株式について、その価額を遺留分を算定するための財産の価額に算入しないことの合意 | 株式の価額は遺留分算定の基礎財産に算入されないため、遺留分減殺請求の対象から外れることになります。 |
| 固定合意 | 特例中小企業者の株式について、遺留分を算定するための財産の価額に算入すべき価額を合意時の価額とすることの合意 | 遺留分算定の価額が固定されるため、株価の値上がりを考慮する必要がありません。 |

## ③事業承継税制の留意点

　親族以外の後継者が株式の贈与を受ける場合であっても、要件を満たすときは、事業承継税制を適用することが可能です。

　後継者は贈与税の事業承継税制を適用した場合に、その後、贈与者に相続が発生したときは、贈与税については免除されます。ただし、株式を相続により取得したとみなされ、贈与時の時価により他の相続財産と合算して相続税を計算することになります。

　後継者は、相続税について事業承継税制を適用するかどうかを任意に選択することができますが、経営承継期間（贈与税の申告期限の翌日から5年間）内に株式の一部を譲渡した場合には、猶予された相続税の全額を、利子税とあわせて納税しなければなりません。

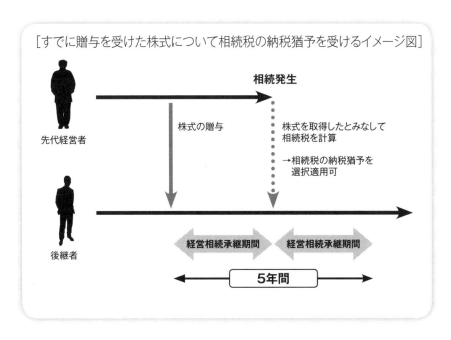

［すでに贈与を受けた株式について相続税の納税猶予を受けるイメージ図］

事例 53

# 資産管理会社で適用する場合の留意点

　当社は、父が創業して以来、事務用機器の製造販売業を営む事業会社です。今後さらなる企業の成長・発展のために、企業全体の経営効率を向上させることが不可欠であると考え、そのための手段として持株会社化を行い、父は現在持株会社の主要株主となっています。ところで、事業承継税制（相続税・贈与税の納税猶予）が拡充されたと聞いて、長男であり後継者である私としては、当社でも適用したいと考えています。ところが、持株会社自体は事業会社の子会社に対する不動産賃貸業を中心に行っており、いわゆる資産管理会社に該当しているとのことで、適用は受けられないと言われてしまいました。

失敗の
ポイント

　持株会社の中でも持株会社自体が事業を行う事業持株会社ではなく、純粋持株会社である場合や、事業を行っていてもそれが子会社となった事業会社に対する不動産賃貸業のみを行っている場合には、比

較的、資産管理会社に該当してしまう可能性が想定され、事業承継税制の適用が受けられない可能性があります。本件は、税制改正を起因として大幅に拡充された事業承継税制の適用が、結果としてできなくなってしまったやむを得ないケースともいえるでしょう。しかし、組織形態等の見直し方によっては、適用できる場合もあるので、このまま何も対応しないことが、結果として失敗となってしまうことがあります。

正しい対応

①経営効率を向上させるため等の観点から、持株会社化を検討することがありますが、一方で、大幅に拡充された事業承継税制の適用を受けることを検討する場合には、持株会社化等することにより、適用ができなくなってしまわないかなど、慎重に対応、判断する必要があります。

②過去の資本政策等により持株会社化を行い、資産管理会社に該当してしまっている場合であっても、今後の経営戦略等を踏まえ、持株会社に事業性を付与することができれば、資産管理会社に該当しないで適用が受けられる可能性があるので、検討することを要します。

[ポイント解説]

**(1) 資産管理会社に該当する場合の対応**

　過去に行った資本政策や組織再編等により、事業会社を子会社とするいわゆる持株会社を株式売買や株式移転等で新設して、その後、持株会社自体は事業を行わずに、事業子会社に対する不動産賃貸業務等のみを行っている場合、いわゆる「資産管理会社」に該当する可能性があり、事業承継税制の適用が受けられない可能性があります。ただし、今後の経営・事業効率化等の目的で、持株会社において事業を行うことが最適であり、事業の付与等を検討している場合には、事業を行う持株会社となり、また、次に掲げる要件の全てを満たす事業実態のある会社に該当すれば、資産管理会社には該当しないとする例外規定があり、事業承継税制の適用を受けることができる可能性があります。

---

1. 3年以上継続して事業（商品販売等または役務の提供）を行っていること
2. 常時使用する従業員（役員・生計一親族を除く）が5人以上いること
3. 事務所、店舗、工場、その他の固有施設を所有または賃借していること

## (2) 資産管理会社に対する事業性が付与されるケース例

1　持株会社と事業会社との合併を検討している場合（図１）

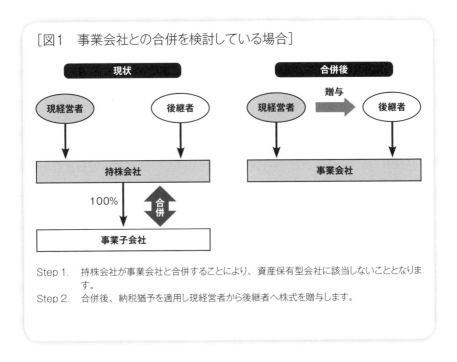

[図１　事業会社との合併を検討している場合]

Step 1. 持株会社が事業会社と合併することにより、資産保有型会社に該当しないこととなります。
Step 2. 合併後、納税猶予を適用し現経営者から後継者へ株式を贈与します。

　すでに資産管理会社に該当する持株会社が、仕入効率化等の観点から卸売業を営むグループ会社等の事業会社と合併することにより、事業実態が伴います。結果として、p.282（１）の要件を満たして、資産管理会社に該当しないこととなる可能性があります。このとき、事業承継税制の適用を検討する場合は、合併後に事業承継税制を適用の上、現経営者から後継者へ株式を贈与等することになります。

## 2　会社分割や事業譲渡を検討している場合（図2）

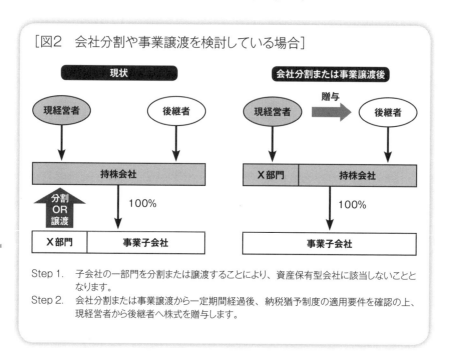

[図2　会社分割や事業譲渡を検討している場合]

Step 1.　子会社の一部門を分割または譲渡することにより、資産保有型会社に該当しないこととなります。
Step 2.　会社分割または事業譲渡から一定期間経過後、納税猶予制度の適用要件を確認の上、現経営者から後継者へ株式を贈与します。

　事業子会社の事業の一部門を資産管理会社に該当する持株会社へ会社分割または事業譲渡することにより、持株会社が事業持株会社として、事業実態のある会社に該当すれば、結果として、p.282（1）の要件を満たして、資産管理会社に該当しないこととなる可能性があります。この場合、会社分割または事業譲渡から一定期間後に事業承継税制の適用要件を検討の上、現経営者から後継者へ株式を贈与等することになります。

## 3 持株会社が事業子会社から業務受託を行う場合(図3)

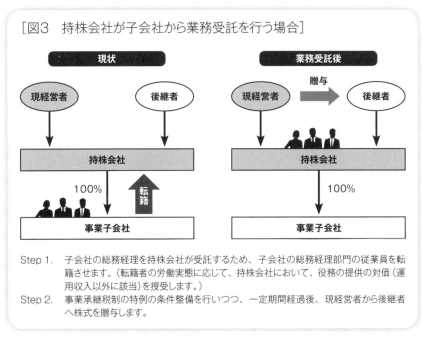

[図3 持株会社が子会社から業務受託を行う場合]

Step 1. 子会社の総務経理を持株会社が受託するため、子会社の総務経理部門の従業員を転籍させます。(転籍者の労働実態に応じて、持株会社において、役務の提供の対価(運用収入以外に該当)を授受します。)

Step 2. 事業承継税制の特例の条件整備を行いつつ、一定期間経過後、現経営者から後継者へ株式を贈与します。

　グループ全体の経営効率化の観点から、持株会社で子会社を含めたグループ全体の経営管理や総務経理を請け負う場合があります。また、グループ子会社が複数ある場合には、グループ会社の資金を持株会社が集中管理して、効率的な資金運用等を行うキャッシュ・マネジメント・システム(CMS)を導入することも検討することができます。このような場合、グループ子会社の経営管理部門や総務経理部門の従業員が親会社である持株会社に転籍することになり、また、子会社から総務経理等の業務受託に伴う役務提供の対価を授受するなどで、結果としてp.282(1)の要件を満たす資産管理会社に該当しないこととなる例外規定に該当する可能性があります。この場合、事業承継税制の条件整備を行いつつ、一定期間経過後に現経営者から後継者へ株式を贈与等することになります。

事例54

# 納税猶予制度の適用を誤ってしまった事例

　当社は、都内を中心とした飲食業を営んでおります。私は、父から晩年に株式を譲り受けたこともあって、息子には早く会社を継いでもらいたいと考えておりました。そこで、平成27年に息子に議決権総数の3分の2まで株式を贈与し、贈与税の納税猶予制度（従来の事業承継税制）の適用を受けました。

　その後、税制改正により、納税猶予制度の対象となる株式が議決権総数の全てになることを知ったので、今年残りの3分の1の株式を長男に贈与してしまいました。

従来の事業承継税制（一般措置）の適用を受けた場合には、今回改正された新事業承継税制（特例措置）に切り替えることは認められていませんので、注意が必要です。また、特例措置は時限措置になりますので、計画書の提出期限や贈与の時期などスケジューリングをしておくことが望ましいでしょう。

税制改正の内容を正しく理解することが重要です。特に株式の贈与などを予定している場合には、実行する前に必ず顧問税理士などのプロの意見を聞いた上で実行するようにしましょう。

### [ポイント解説]

#### ①特例措置と一般措置の適用関係

　事業承継税制は、従来の事業承継税制（一般措置）と今回改正された新事業承継税制（特例措置）の2つの制度が併存しています。下記②のとおり、一般措置と特例措置であれば、特例措置を適用する方が有利になります。そして、特例措置の適用を受けるためには、受贈者側に「贈与税の一般措置等の適用を受けていないこと」という要件が設けられています。そのため、一般措置の適用を受けた場合には、特例措置には切り替えることができないことになっています。

#### ②特例措置と一般措置の比較

　従来の事業承継税制（一般措置）と新事業承継税制（特例措置）を比べると、事前に特例承継計画の提出が必要になる点と適用期限がある点以外は、特例措置の方が納税者にとって有利な制度になっています。

　したがって、特例措置が適用できる期間は、一般措置を適用するのではなく、特例措置を適用していくことになります。

MEMO

事例55

# 医療法人の出資持分の相続税の納税猶予

　私は持分の定めのある社団医療法人の理事長です。数年前、先代である父と理事長を交代し、最近になってようやく病院経営が安定してきたため、無事に事業を引き継げたのではないかと安心しています。

　出資持分は父が100％保有していますが、出資持分に対して多額の相続税がかかるということで、出資持分を放棄し、持分の定めのない社団医療法人へ移行することを検討しています。

　しかし、その矢先に父が亡くなってしまい、その後、何ら手続きを行うことなく、相続税の申告期限が到来したため、出資持分を相続し、多額の相続税を納税することになりました。

**失敗のポイント**

出資者である父が出資持分を放棄する前に亡くなったため、持分の定めのない社団医療法人へ移行するのは手遅れだと思い、何も手続きをしなかったことが多額の相続税を納税することにつながった要因です。

**正しい対応**

『医療法人の持分についての相続税の納税猶予の特例』を活用しましょう。

相続税の申告期限までに認定医療法人の認定を受け、納税猶予の手続きを行うことにより、出資持分の価額に対応する相続税の納税が猶予され、出資持分の全てを放棄し、実際に持分の定めのない社団医療法人へ移行した場合には、猶予されていた相続税が免除されます。

[ポイント解説]

## (1) 制度の概要

　出資持分の相続問題（相続税支払いのための出資持分の払い戻し等）により医業の継続が困難となるようなことなく、安定的に医療を提供していけるようにするため、かねてより要望のあった『医療法人の持分についての相続税の納税猶予の特例』が平成26年度の税制改正により創設され、さらに平成29年度の税制改正により延長・拡充されました。

　法人の任意選択としつつ、計画的に持分の定めのない社団医療法人へ移行する法人に対して、国が積極的に支援を行う制度です。

　相続税の申告期限までに移行計画の認定を受けた医療法人において、出資者の死亡により相続が発生した場合、出資者の相続人は相続税の納税猶予を受けることができます。なお、相続発生後から相続税の申告期限までに移行計画の認定を受けた場合も本制度の対象となります。

## (2) 移行計画の認定制度

　持分の定めのない社団医療法人へ移行するかは法人の任意選択ですが、移行する場合には、移行する法人形態、移行する場合のメリット・デメリットなど、事前に十分に検討する必要があります。

　また、納税猶予等の税制措置を利用する場合は、移行計画についての認定を受けなければなりません。

　なお、移行計画の認定制度の実施期間は平成29年10月1日から平成32年9月30日までの3年間ですが、移行計画の認定は1回限りですので、認定後に取消になることがないよう注意が必要です。

　認定制度の流れと移行までの大まかな流れは下記のとおりです。

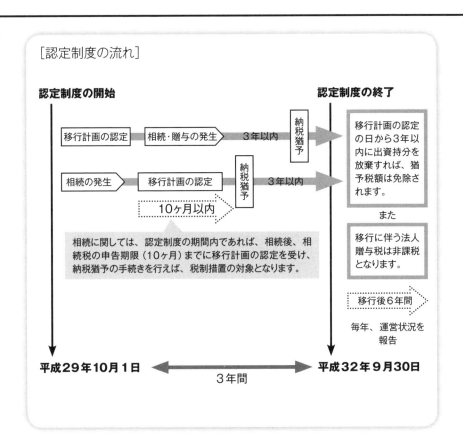

［移行計画の認定から持分なし医療法人への移行までの流れ］

## 持分あり医療法人 / 厚生労働省・都道府県

**持分あり医療法人**

○「持分なし医療法人」への移行の検討
○ 移行計画の申請、定款変更について社員総会で議決

⬇

厚生労働省へ移行計画の申請

⬇ ← 厚生労働省による移行計画の認定

移行計画の認定を受けた旨を記載した定款変更を都道府県へ申請

⬇ ← 都道府県による定款変更の認可

○ 移行に向けた具体的な動き
　・出資者の持分放棄の手続き
　・持分の払い戻しがある場合の対応
○「持分なし医療法人」への定款変更について社員総会で議決

⬇

持分なし医療法人への移行についての定款変更を都道府県へ申請

⬇ ← 都道府県による定款変更の認可

**持分なし医療法人**

定款変更の認可に伴い、「持分なし医療法人」への移行が完了

⬇

毎年、運営状況を厚生労働省へ報告
（移行後6年間）

## (3) 医療法人の持分についての相続税の納税猶予制度

相続人等が、医療法人の出資持分を有していた被相続人から相続等により取得した場合において、その医療法人が相続税の申告期限において認定医療法人であるときは、納付すべき相続税のうち、納税猶予の特例の適用を受ける出資持分の価額に対応する相続税については、認定移行計画に記載された移行期限まで、その納税が猶予されます。

この特例の適用を受けるためには、相続税の申告書を申告期限までに提出するとともに、納税猶予額及び利子税の額に見合う担保を提供する必要があります。

また、認定移行計画に記載された移行期限までに、納税猶予の特例の適用を受けた相続人等が出資持分の全てを放棄した場合には、納税が猶予されていた相続税は免除されます。

## (4) 医療法人に対する贈与税課税と認定要件の改正

医療法人の持分についての相続税の納税猶予の特例を活用し、持分の定めのない社団医療法人に移行した場合には、猶予されていた相続税は免除されます。

ただし、持分の定めのない社団医療法人に移行する際に、出資者等の相続税の負担が不当に減少した結果となると認められるときは、相続税法66条4項により、医療法人を個人とみなして、医療法人に贈与税が課せられる場合があり、平成29年度の税制改正前は、この贈与税が非課税となる要件が社会医療法人や特定医療法人並みのかなりハードルの高いものであったため、持分の定めのない社団医療法人への移行が進んでいない状況でした。

平成29年度の税制改正により、認定要件に新たに運営に関する要件が設けられました。移行完了後6年間は認定要件をクリアする必要がありますが、従来の非課税要件に比べ、要件がかなり緩和され、この認定を受け

た移行計画に基づき、持分の定めのない社団医療法人に移行した場合には、医療法人に贈与税は課せられないことになります。

認定要件の主なものは下記のとおりです。

［認定要件（主なもの）］

①移行計画が社員総会において議決されたものであること
②出資者等の十分な理解と検討のもとに移行計画が作成され、持分の放棄の見込みが確実と判断されること等、移行計画の有効性及び適切性に疑義がないこと
③移行計画に記載された移行期限が3年を超えないものであること
④運営に関する下記要件を満たすこと

＜運営方法＞
・法人関係者に対し、特別の利益を与えないこと
・役員に対する報酬等が不当に高額にならないような支給基準を定めていること
・株式会社等に対し、特別の利益を与えないこと
・遊休財産額は事業にかかる費用の額を超えないこと
・法令に違反する事実、帳簿書類の隠ぺい等の事実その他公益に反する事実がないこと

＜事業状況＞
・社会保険診療等（介護、助産、予防接種含む）にかかる収入金額が全収入金額の80％を超えること
・自費患者に対し請求する金額が、社会保険診療報酬と同一の基準によること
・医業収入が医業費用の150％以内であること

※運営に関する要件は、持分なし医療法人へ移行後6年間満たしていなければなりません。

**参考書籍・参考HP**

国税庁　医療法人の持分についての相続税の納税猶予の特例

厚生労働省　「持分なし医療法人」への移行促進策延長・拡充のご案内

# 第5章

# 書式集

1. 株式譲渡契約書
2. 株式贈与契約書
3. 株式譲渡申請書
4. 株式譲渡承認書
5. 取締役会議事録
6. 取引相場のない株式評価のための収集資料一覧
7. (1) 贈与税の速算表
   (2) 贈与税の早見表
8. (1) 相続税の速算表
   (2) 相続税の早見表
9. 従業員持株会規約(例)
10. 合併スケジュール(例)
11. 特例承継計画(様式第21)及び添付書類
12. 特例承継計画の変更届(様式第24)及び添付書類
13. 認定申請書(贈与/第一種/様式第7の3)及び添付書類
14. 認定申請書(相続/第一種/様式第8の3)及び添付書類
15. 年次報告書(様式第11)及び添付書類

# 株式譲渡契約書

売主　　　　（以下「甲」という）と買主　　　　（以下「乙」という）との間において、次のとおり　　　　　　　　の株式を譲渡することに合意した。

第一条　甲は乙に対し、下記の株式を、第二条の代金にて売り渡す。

第二条　第一条記載の株式の代金は、　　　　　　　　円とする。
　　　　（1株につき金　　　　円）

第三条　乙は甲に対し平成　年　月　日に代金　金　　　　　　円を支払い、代金の引き換えをもって当該株式は甲より乙へ移転するものとする。

記

譲渡株式の表示
　○○○○株式会社　株式　　　　株

以上

平成　年　月　日
　甲（売主）住所

　　　　氏名　　　　　　　　　　　　　　印

　乙（買主）住所

　　　　氏名　　　　　　　　　　　　　　印

# 株式贈与契約書

贈与者　　　　　　　を甲とし、受贈者　　　　　　　を乙として甲乙両当事者は次のとおり株式贈与契約を締結した。

第一条　甲は乙に対して下記株式を贈与することを約し、乙はこれを承諾した。

記

　　　　　　　　　普通株式　　　　　　　株

以上

以上の契約を証するため本契約書を作成し、甲乙両者記名押印する。

平成　　年　　月　　日

　　贈与者（甲）　住所

　　　　　　　　　氏名　　　　　　　　　　　　　　印

　　受贈者（乙）　住所

　　　　　　　　　氏名　　　　　　　　　　　　　　印

# 株式譲渡申請書

平成〇〇年〇〇月〇〇日

〇〇〇〇株式会社　御中

住　所
株　主
氏　名　　　　　　　　　　　印

　私(当社)所有の貴社株式を下記のとおり譲渡いたしたく、貴社取締役会のご承認をご請求いたします。なお、ご承認がいただけない場合には、他に譲渡の相手方をご指定ください。

記

1. 譲渡をしようとする譲渡制限株式の数

| 譲渡制限株式の種類 | 株式の数 |
|---|---|
| 株式 | 株 |
| 株式 | 株 |
| 株式 | 株 |
| 株式 | 株 |
| 株式 | 株 |
| 株式 | 株 |
| 合計 | 株 |

2. 譲渡をしようとする相手方

| 氏名または法人名 | 住所 |
|---|---|
|  |  |
|  |  |

以上

# 株式譲渡承認書

平成○○年○○月○○日
株　主　　○○○○　殿

所　在　地
会　社　名
代表者氏名　　○○○○　　　　印

　平成○○年○○月○○日付で、貴殿（社）より提出されました当社株式の譲渡承認に係るご請求につきましては、当社取締役会においてご請求のとおり承認されました。

記

1．譲渡を承認した株式に係る明細

| 譲渡制限株式の種類 | 株式の数 |
| --- | --- |
| 株式 | 株 |
| 株式 | 株 |
| 株式 | 株 |
| 株式 | 株 |
| 株式 | 株 |
| 株式 | 株 |
| 合計 | 株 |

2．譲渡を承認した相手方

| 氏名または法人名 | 住所 |
| --- | --- |
|  |  |
|  |  |

以上

# 取締役会議事録

日時　　　　平成〇〇年〇〇月〇〇日（〇）　午前／午後　　時　　分
場所　　　　東京都　　区　　丁目　　番　　号
　　　　　　　　　　　　　　　　本店会議室
取締役の総数　　　　　　〇　名
出席取締役の数　　　　　〇　名

　上記のとおり出席があったので、代表取締役社長　　　　は定款の規定により議長となり、定刻、開会を宣し議事に入った。

議　案　　株式譲渡承認に関する件

　議長は、今回下記のとおり当会社株式につき譲渡承認の請求があった旨を述べ、さらに当会社の株式を譲渡によって取得するには取締役会の承認を要する旨の定款第　条の規定を説明した後、この承認につき一同に意見を求めたところ、全員異議なくこれを承認し、ただちに株式譲渡承認書を交付することに決定した。
　（なお、取締役〇〇〇〇及び〇〇〇〇は、特別利害関係人に該当するため、決議には参加しなかった）

記

| 譲渡承認請求者 | 譲渡する株式数 | 譲渡相手方 |
|---|---|---|
|  |  |  |

以上

以上をもって本日の議案を議了したので、議長は午前／午後　　時　　分閉会を宣した。

上記議事の経過の要領及びその結果を証するため、議長は本議事録を作成し、議長及び出席取締役が次に記名押印する。

平成　年　月　日

【　会　社　名　】
取　締　役　会

議長　代表取締役社長　〇　〇　〇　〇　　　　印

出 席 取 締 役　〇　〇　〇　〇　　　　印

出 席 取 締 役　〇　〇　〇　〇　　　　印

# 取引相場のない株式評価のための収集資料一覧

評価対象会社：

（必須）
- □ 直近3年分の法人税の申告書・決算書・内訳書・法人事業概況説明書・営業報告書・減価償却台帳・土地の簿価の内訳書
  （消費税・法人県民税・法人市民税申告書を含む）
- □ 評価会社の商業登記簿謄本

（必要に応じて）⇒上記の決算書より、必要となるものを選択

1. 土地関係
   - □ 登記簿謄本（所有者と取得年月日の確認（3年内取得かを特に注意））
   - □ 固定資産評価明細書
   - □ 公図
   - □ 住宅地図
   - □ 賃貸借契約書のコピー
   - □ 税務署への届出書（相当の地代に関する届出書・土地の無償返還に関する届出書）
   - □ 利用状況（自分で使用しているか、他人に貸しているかなど）の確認

2. 建物関係
   - □ 登記簿謄本（所有者と取得年月日の確認（3年内取得かを特に注意））
   - □ 固定資産評価明細書
   - □ 賃貸借契約書のコピー
   - □ 税務署への届出書（相当の地代に関する届出書・土地の無償返還に関する届出書）
   - □ 利用状況（自分で使用しているか、他人に貸しているかなど）の確認

3. □ 役員退職給与規定／承認株主総会議事録

4. □ 株主名簿（過去10年分の株主異動表）

5. □ 役員名簿・親族関係図

6. □ 法人の定款

7. 従業員の人数の把握
   - □ 給与台帳、役員名簿、パート・アルバイトの労働時間がわかるもの（タイムカードなど）

8. □ 課税時期時点の生命保険契約解約返戻金の額（保険会社に確認）
   ※会社が全額損金経理している保険料を含みます。

# 贈与税の速算表

~一般の贈与~

| 基礎控除後の課税価格 | 税率 | 控除額 |
|---|---|---|
| 200万円以下 | 10% | — |
| 300万円以下 | 15% | 10万円 |
| 400万円以下 | 20% | 25万円 |
| 600万円以下 | 30% | 65万円 |
| 1,000万円以下 | 40% | 125万円 |
| 1,500万円以下 | 45% | 175万円 |
| 3,000万円以下 | 50% | 250万円 |
| 3,000万円超 | 55% | 400万円 |

~直系尊属から20歳以上の者への贈与~

| 基礎控除後の課税価格 | 税率 | 控除額 |
|---|---|---|
| 200万円以下 | 10% | — |
| 400万円以下 | 15% | 10万円 |
| 600万円以下 | 20% | 30万円 |
| 1,000万円以下 | 30% | 90万円 |
| 1,500万円以下 | 40% | 190万円 |
| 3,000万円以下 | 45% | 265万円 |
| 4,500万円以下 | 50% | 415万円 |
| 4,500万円超 | 55% | 640万円 |

# 贈与税の早見表

※贈与税額の計算式は次のとおりです。
**(贈与金額－110万円)×税率－控除額**

(単位:千円)

| 贈与金額 | 税額 | | 実質税率 | |
| --- | --- | --- | --- | --- |
| | 一般贈与 | ※特別贈与 | 一般贈与 | ※特別贈与 |
| 1,000 | 0 | 0 | 0.0% | 0.0% |
| 1,500 | 40 | 40 | 2.7% | 2.7% |
| 2,000 | 90 | 90 | 4.5% | 4.5% |
| 2,500 | 140 | 140 | 5.6% | 5.6% |
| 3,000 | 190 | 190 | 6.3% | 6.3% |
| 4,000 | 335 | 335 | 8.4% | 8.4% |
| 5,000 | 530 | 485 | 10.6% | 9.7% |
| 7,500 | 1,310 | 1,020 | 17.5% | 13.6% |
| 10,000 | 2,310 | 1,770 | 23.1% | 17.7% |
| 15,000 | 4,505 | 3,660 | 30.0% | 24.4% |
| 20,000 | 6,950 | 5,855 | 34.8% | 29.3% |
| 30,000 | 11,950 | 10,355 | 39.8% | 34.5% |
| 50,000 | 22,895 | 20,495 | 45.8% | 41.0% |
| 70,000 | 33,895 | 31,495 | 48.4% | 45.0% |
| 100,000 | 50,395 | 47,995 | 50.4% | 48.0% |
| 150,000 | 77,895 | 75,495 | 51.9% | 50.3% |

※直系尊属から20歳以上の者への贈与を「特別贈与」として表記しております。

# 相続税の速算表

| 課税標準 | 税率 | 控除額 |
| --- | --- | --- |
| 1,000万円以下 | 10% | — |
| 3,000万円以下 | 15% | 50万円 |
| 5,000万円以下 | 20% | 200万円 |
| 1億円以下 | 30% | 700万円 |
| 2億円以下 | 40% | 1,700万円 |
| 3億円以下 | 45% | 2,700万円 |
| 6億円以下 | 50% | 4,200万円 |
| 6億円超 | 55% | 7,200万円 |

この速算表で計算した各相続人の税額を合計したものが相続税の総額になります。

# 相続税の早見表

①配偶者あり（単位:万円）

| 課税価格 \ 子供の数 | 1人 | 2人 | 3人 |
|---|---|---|---|
| 5,000 | 40 | 10 | 0 |
| 10,000 | 385 | 315 | 263 |
| 20,000 | 1,670 | 1,350 | 1,218 |
| 30,000 | 3,460 | 2,860 | 2,540 |
| 40,000 | 5,460 | 4,610 | 4,155 |
| 50,000 | 7,605 | 6,555 | 5,963 |
| 60,000 | 9,855 | 8,680 | 7,838 |
| 70,000 | 12,250 | 10,870 | 9,885 |
| 80,000 | 14,750 | 13,120 | 12,135 |
| 90,000 | 17,250 | 15,435 | 14,385 |
| 100,000 | 19,750 | 17,810 | 16,635 |
| 150,000 | 32,895 | 30,315 | 28,500 |

②配偶者なし（単位:万円）

| 課税価格 \ 子供の数 | 1人 | 2人 | 3人 |
|---|---|---|---|
| 5,000 | 160 | 80 | 20 |
| 10,000 | 1,220 | 770 | 630 |
| 20,000 | 4,860 | 3,340 | 2,460 |
| 30,000 | 9,180 | 6,920 | 5,460 |
| 40,000 | 14,000 | 10,920 | 8,980 |
| 50,000 | 19,000 | 15,210 | 12,980 |
| 60,000 | 24,000 | 19,710 | 16,980 |
| 70,000 | 29,320 | 24,500 | 21,240 |
| 80,000 | 34,820 | 29,500 | 25,740 |
| 90,000 | 40,320 | 34,500 | 30,240 |
| 100,000 | 45,820 | 39,500 | 35,000 |
| 150,000 | 73,320 | 65,790 | 60,000 |

第5章

〈8（2）〉相続税の早見表

MEMO

# 従業員持株会規約(例)

　　　　　　△△△従業員持株会規約

　　　　　　　　　　　　　　　　平成　　年　　月　　日制定

(名称)
第1条　本会は△△△従業員持株会(以下、「会」という)と称する。

(会の性格)
第2条　本会は、民法第667条第1項に基づく組合とする。

(目的)
第3条　本会は△△△株式会社(以下、「会社」という)の株式を取得することを容易ならしめ、もって会員の財産形成に資することを目的とする。

(会員)
第4条　会員は、会社の従業員(以下、「従業員」という)に限る。

(入会及び退会)
第5条　従業員は、本会に入会し、または退会することができる。
　　　　②会員が従業員でなくなった場合は、自動的に退会するものとする。

(配当金)
第6条　本会の所有する理事長名義の株式に対する配当金は、会員に現金交付する。

(拠出)
第7条　会員は次の場合、拠出を行うことができる。
　　　　1. 株主割当増資に伴う新株式の払い込み
　　　　2. 第三者割当増資に応募する場合及び株式移動により買い付ける場合

(株式の登録配分)
第8条　第7条により取得した新株式または無償交付その他の原因により割り当てられた株式は、割当日現在の会員の登録配分持株に応じて登録配分する。

(株式の管理及び名義)
第9条　会員は、前条により自己に登録配分された株式を、理事長に管理させる目的をもって信託するものとする。
　　　　②前項により理事長が受託する株式は、理事長名義に書き換えするものとする。

(議決権の行使)
第10条　理事長名義の株式の議決権は、理事長が行使するものとする。

(持分の一部引き出し)
第11条　会員は、やむを得ぬ場合には登録配分された持分を取得時の価額で本会に譲渡し、その代金を受け取ることができる。ただし、株券での引き出しは認めない。

(処分の禁止)
第12条　会員は、登録配分された株式を他に譲渡し、または担保に供することができない。

(退会の持分返還)
第13条　会員が退会したときは、当該会員に登録配分された株式（小数第4位以下を切り捨て）を取得時の価額にて払い戻すものとする。

第5章

(役員)
第14条　本会の業務を執行するため、次の役員をおく。
　　　　理事　　　　名（うち理事長1名）
　　　　監事　　　　名
　　　②前項の役員は、会員総会において会員の中から選任し、理事長は、理事の中から互選によって選任する。
　　　③理事長は、会を代表するものとする。ただし、理事長に事故あるときは、他の理事がこれに代わる。
　　　④監事は、会の会計を監査し、その結果を定時会員総会に報告するものとする。
　　　⑤設立時の役員については、設立総会において選任する。

(理事会)
第15条　理事長は、毎年　月に定例理事会を招集し、必要あるときは臨時理事会を招集する。
　　　②理事会は、理事の過半数の出席によって成立し、その過半数の賛成により議決する。

(会員総会)
第16条　規約の改正その他の重要事項の決議及び役員の選任のため、毎年　　月に定時会員総会を開催する。ただし、必要に応じて臨時会員総会を開催することができる。
　　　②会員総会は、理事長が招集する。
　　　③会員総会の決議は、出席会員の過半数をもって行う。ただし、会員は、書面をもって議決権の行使を委任することができる。
　　　④会員は1個の議決権を有する。

(会員への報告)
第17条　理事会は、毎年　月　日から翌年　月　日までを計算期間とした本会の決算報告書を作成し、監事の承認を得た後、会員に報告する。

(通知)
第18条　本会の通知は、原則として社内報または社内掲示板によって行う。

(会の所在地)
第19条　この会の所在地は　　　県　　市　　番地　　△△△株式会社本店内とする。

（事務の委託）
第20条　本会の事務の一部は△△△株式会社に委託する。


<付則>

第1条　この規約は、平成　　年　　月　　日から実施する。

第2条　本会の運営に関する細目は、理事長の定める本会運営細則による。


<△△△従業員持株会運営細則>

（目的）
第1条　この細則は、△△△従業員持株会規約（以下、規約という）付則第2条に基づき、△△△従業員持株会（以下、本会という）の運営の細目ならびに事務手続きについて定める。

（諸手続）
第2条　入会、退会、一部引き出し、臨時拠出等の諸手続きは、それぞれ所定の届出書または申請書を理事長に提出することによって行う。

（会員別持分明細簿）
第3条　会員別持分明細簿は、本会事務所に備え置く。

（退会）
第4条　退会の届出は、所定の退会届出書に名義書換請求書を添えて理事長に提出することによって行う。

（清算費用）
第5条　持分の一部引き出しまたは退会の清算に際して、清算代金の当該会員の指定する住所への送金もしくは当該会員の指定する預金口座への送金等に関する費用は、それぞれ当該会員が負担する。


<付則>

第1条　本運営細則は平成　　年　　月　　日から実施する。

# 合併スケジュール（例）

| 日程 | 法定必要日数 | 存続会社の必要手続き |
| --- | --- | --- |
| 3月14日 | | 取締役会の開催<br>・合併契約の締結<br>・株主総会の招集 |
| 3月22日 | | 決算公告の掲載 |
| 3月28日 | 催告及び公示の日から1ヶ月間が債権者の異議申述期間となる | 合併公告の掲載及び知れたる債権者へ催告書の送付 |
| 3月28日 | 株主総会開催の2週間前から合併の日後6ヶ月間（消滅会社については合併の日まで） | 合併事前備置書面の備え置き |
| 4月5日 | 株主総会開催の1週間前までに（公開会社は2週間前までに）（反対株主の通知は効力発生日の20日前までに） | 株主総会招集通知の送付（反対株主への通知も兼ねる） |
| 4月13日 | | 臨時株主総会の開催<br>・合併契約の承認 |
| 4月28日 | | 債権者の異議申述期間満了 |
| 4月30日 | | 反対株主の株式買取請求期間満了 |
| 5月1日 | | 効力発生日 |
| 5月1日 | 合併の日から6ヶ月間 | 事後備置書面の備え置き |
| 5月2日以降 | | 登記（合併による変更） |

| 消滅会社の必要手続き | 備考等 |
|---|---|
| 取締役会の開催<br>・合併契約の締結<br>・株主総会の招集 | |
| 決算公告の掲載 | |
| 合併公告の掲載及び知れたる債権者へ催告書の送付 | ※官報への掲載のほか、知れたる債権者に対しては、各別の催告書を送付します。 |
| 合併事前備置書面の備え置き | ※それぞれの本店所在地に合併の契約書等の書面を備え置きます。 |
| 株主総会招集通知の送付<br>（反対株主への通知も兼ねる） | ※株式総会の開催日までに合併に反対し、かつ株主総会で決議に反対した株主は会社に対して株式の買い取りを請求することが可能となります。 |
| 臨時株主総会の開催<br>・合併契約の承認 | ※通常は特別決議によります。 |
| 債権者の異議申述期間満了 | |
| 反対株主の株式買取請求期間満了 | |
|  |  |
|  | ※会社の本店所在場所において合併の手続きの経過、消滅会社の事前備置書面に関する事項等を備え置きます。 |
| 登記（合併による解散） | |

〈10〉合併スケジュール（例）

様式第21

# 施行規則第17条第2項の規定による確認申請書
## （特例承継計画）

　　　　　　　　　　　　　　　　　　　　　　　　　年　　月　　日

都道府県知事　殿

　　　　　　　　　　　　　　　　郵便番号
　　　　　　　　　　　　　　　　会社所在地
　　　　　　　　　　　　　　　　会社名
　　　　　　　　　　　　　　　　電話番号
　　　　　　　　　　　　　　　　代表者の氏名　　　　　　　　　印

　中小企業における経営の承継の円滑化に関する法律施行規則第17条第1項第1号の確認を受けたいので、下記のとおり申請します。

　　　　　　　　　　　　　　　記

1　会社について

| 主たる事業内容 | |
|---|---|
| 資本金額又は出資の総額 | 円 |
| 常時使用する従業員の数 | 人 |

2　特例代表者について

| 特例代表者の氏名 | |
|---|---|
| 代表権の有無 | □有　□無（退任日　　年　　月　　日） |

3　特例後継者について

| 特例後継者の氏名（1） | |
|---|---|
| 特例後継者の氏名（2） | |
| 特例後継者の氏名（3） | |

4　特例代表者が有する株式等を特例後継者が取得するまでの期間における経営の計画について

| 株式を承継する時期（予定） | 年　月　～　年　月 |
|---|---|
| 当該時期までの<br>経営上の課題 | |
| 当該課題への対応 | |

5　特例後継者が株式等を承継した後5年間の経営計画

| 実施時期 | 具体的な実施内容 |
|---|---|
| 1年目 | |
| 2年目 | |
| 3年目 | |
| 4年目 | |
| 5年目 | |

（備考）
① 用紙の大きさは、日本工業規格 A4 とする。
② 記名押印については、署名をする場合、押印を省略することができる。
③ 申請書の写し（別紙を含む）及び施行規則第 17 条第 2 項各号に掲げる書類を添付する。
④ 別紙については、中小企業等経営強化法に規定する認定経営革新等支援機関が記載する。

（記載要領）
①「2　特例代表者」については、本申請を行う時における申請者の代表者（代表者であった者を含む。）を記載する。
②「3　特例後継者」については、該当するものが一人又は二人の場合、後継者の氏名（2）の欄又は（3）の欄は空欄とする。
③「4　特例代表者が有する株式等を特例後継者が取得するまでの期間における経営の計画」については、株式等を特例後継者が取得した後に本申請を行う場合には、記載を省略することができる。

(別紙)

# 認定経営革新等支援機関による所見等

## 1 認定経営革新等支援機関の名称等

| 認定経営革新等支援機関の名称 | 印 |
|---|---|
| （機関が法人の場合）<br>代表者の氏名 | |
| 住所又は所在地 | |

## 2 指導・助言を行った年月日

|  年     月     日 |
|---|

## 3 認定経営革新等支援機関による指導・助言の内容

| |
|---|
| |

様式第24

# 施行規則第18条第5項の規定による
# 変更確認申請書

年　　月　　日

都道府県知事　殿

郵便番号
会社所在地
会社名
電話番号
代表者の氏名　　　　　　　　　印

　　　年　　月　　日付けの中小企業における経営の承継の円滑化に関する法律施行規則（以下「施行規則」という。）第17条第1項第1号の確認について、下記のとおり変更したいので、施行規則第18条　□第1項　□第2項　の確認を申請します。

記

1　会社について

| 主たる事業内容 | |
|---|---|
| 資本金額又は出資の総額 | 円 |
| 常時使用する従業員の数 | 人 |

2　特例代表者について

| 特例代表者の氏名 | |
|---|---|
| 代表権の有無 | □有　□無（退任日　　年　　月　　日） |

3　特例後継者について

| 特例後継者の氏名（1） | |
|---|---|
| 特例後継者の氏名（2） | |
| 特例後継者の氏名（3） | |

4 特例代表者が有する株式等を特例後継者が取得するまでの期間における経営の計画について

| 株式を承継する時期（予定） | 年　月　～　年　月 |
|---|---|
| 当該時期までの<br>経営上の課題 | |
| 当該課題への対応 | |

5 特例後継者が株式等を承継した後5年間の経営計画

| 実施時期 | 具体的な実施内容 |
|---|---|
| 1年目 | |
| 2年目 | |
| 3年目 | |
| 4年目 | |
| 5年目 | |

(備考)
① 用紙の大きさは、日本工業規格Ａ４とする。
② 申請書の写し（別紙を含む）及び施行規則第18条第5項の規定により読み替えられた同条第17条第2項各号に掲げる書類を添付する。
③ 別紙については、中小企業等経営強化法に規定する認定経営革新等支援機関が記載する。

(記載要領)
①「２　特例代表者」については、本申請を行う時における申請者の代表者（代表者であった者を含む。）を記載する。
②「３　特例後継者」については、該当するものが一人又は二人の場合、後継者の氏名（２）の欄又は（３）の欄は空欄とする。
③「４　特例代表者が有する株式等を特例後継者が取得するまでの期間における経営の計画」については、株式等を特例後継者が取得した後に本申請を行う場合には、記載を省略することができる。

(別紙)

# 認定経営革新等支援機関による所見等

1 認定経営革新等支援機関の名称等

| 認定経営革新等支援機関の名称 | 印 |
|---|---|
| (機関が法人の場合)<br>代表者の氏名 | |
| 住所又は所在地 | |

2 指導・助言を行った年月日

|       年       月       日       |
|---|

3 認定経営革新等支援機関による指導・助言の内容

|  |
|---|
|  |

様式第7の3

# 第一種特例贈与認定中小企業者に係る認定申請書

　　　　　　　　　　　　　　　　　　　　　　　　　　　年　　月　　日

都道府県知事　殿

　　　　　　　　　　　　　　　　　郵便番号
　　　　　　　　　　　　　　　　　会社所在地
　　　　　　　　　　　　　　　　　会社名
　　　　　　　　　　　　　　　　　電話番号
　　　　　　　　　　　　　　　　　代表者の氏名　　　　　　　　　印

　中小企業における経営の承継の円滑化に関する法律第12条第1項の認定（同法施行規則第6条第1項第11号の事由に係るものに限る。）を受けたいので、下記のとおり申請します。

　　　　　　　　　　　　　　　記


## 1　特例承継計画の確認について

| 施行規則第17条第1項第1号の確認（施行規則第18条第1項又は第2項の変更の確認をした場合には変更後の確認）に係る確認事項 | 確認の有無 | | □有<br>□無（本申請と併せて提出） |
|---|---|---|---|
| | 「有」の場合 | 確認の年月日及び番号 | 年　月　日（　　号） |
| | | 特例代表者の氏名 | |
| | | 特例後継者の氏名 | |

## 2　贈与者及び第一種特例経営承継受贈者について

| 贈与の日 | 年　月　日 |
|---|---|
| 第一種特例贈与認定申請基準日 | 年　月　日 |
| 贈与税申告期限 | 年　月　日 |
| 第一種特例贈与認定申請基準事業年度 | 年　月　日から　年　月　日まで |

| 総株主等議決権数 | 贈与の直前 | （a） | 個 |
|---|---|---|---|
| | 贈与の時 | （b） | 個 |

| 贈与者 | 氏名 | | | |
|---|---|---|---|---|
| | 贈与の時の住所 | | | |
| | 贈与の時の代表者への就任の有無 | □有　□無 | | |
| | 贈与の時における過去の法第12条第1項の認定（施行規則第6条第1項第11号又は第13号の事由に係るものに限る。）に係る贈与の有無 | □有　□無 | | |
| | 代表者であった時期 | 年　月　日から　年　月　日 | | |
| | 代表者であって、同族関係者と合わせて申請者の総株主等議決権数の100分の50を超える数を有し、かつ、いずれの同族関係者（第一種特例経営承継受贈者となる者を除く。）が有する議決権数をも下回っていなかった時期（※） | 年　月　日から　年　月　日 | | |
| | （※）の時期における総株主等議決権数 | （c） | 個 | |
| | （※）の時期における同族関係者との保有議決権数の合計及びその割合 | （d）+（e）<br>（（d）+（e））／（c） | 個<br>％ | |
| | （※）の時期における保有議決権数及びその割合 | （d）<br>（d）／（c） | 個<br>％ | |
| | （※）の時期における同族関係者 | 氏名（会社名） | 住所（会社所在地） | 保有議決権数及びその割合<br>（e）　　個<br>（e）／（c）　％ |
| | 贈与の直前における同族関係者との保有議決権数の合計及びその割合 | （f）+（g）<br>（（f）+（g））／（a） | 個<br>％ | |
| | 贈与の直前における保有議決権数及びその割合 | （f）<br>（f）／（a） | 個<br>％ | |
| | 贈与の直前における同族関係者 | 氏名（会社名） | 住所（会社所在地） | 保有議決権数及びその割合<br>（g）　　個<br>（g）／（a）　％ |
| | （※2）から（※3）を控除した残数又は残額 | （i）−（j） | 株（円） | |
| | 贈与の直前の発行済株式又は出資（議決権の制限のない株式等に限る。）の総数又は総額（※1） | （h） | 株（円） | |
| | （※1）の3分の2（※2） | （i）=（h）×2／3 | 株（円） | |
| | 贈与の直前において第一種特例経営承継受贈者が有していた株式等の数又は金額（※3） | （j） | 株（円） | |
| | 贈与の直前において贈与者が有していた株式等（議決権に制限のないものに限る。）の数又は金額 | | 株（円） | |
| | 贈与者が贈与をした株式等（議決権の制限のないものに限る。）の数又は金額 | | 株（円） | |

〈13〉認定申請書（贈与／第一種／様式第7の3）及び添付書類

| 第一種特例経営承継受贈者 | 氏名 | | | | |
|---|---|---|---|---|---|
| | 住所 | | | | |
| | 贈与の日における年齢 | | | | |
| | 贈与の時における贈与者との関係 | | | ☐直系卑属<br>☐直系卑属以外の親族<br>☐親族外 | |
| | 贈与の時における代表者への就任の有無 | | | ☐有 ☐無 | |
| | 贈与の日前3年以上にわたる役員への就任の有無 | | | ☐有 ☐無 | |
| | 贈与の時における過去の法第12条第1項の認定（施行規則第6条第1項第7号又は第9号の事由に係るものに限る。）に係る受贈の有無 | | | ☐有 ☐無 | |
| | 贈与の時における同族関係者との保有議決権数の合計及びその割合 | | | (k)+(l)+(m)<br>((k)+(l)+(m))／(b) | 個<br>% |
| | 保有議決権数及びその割合 | 贈与の直前 | (k)<br>(k)／(a) | 個<br>% | 贈与者から贈与により取得した数（※4） | (l) | 個 |
| | | 贈与の時 | (k)+(l)<br>((k)+(l))／(b) | 個<br>% | | |
| | | （※4）のうち租税特別措置法第70条の7の5第1項の適用を受けようとする株式等に係る議決権の数（※5） | | | 個 | |
| | | （※5）のうち第一種特例贈与認定申請基準日までに譲渡した数 | | | 個 | |
| | 贈与の時における同族関係者 | 氏名<br>(会社名) | 住所<br>(会社所在地) | | 保有議決権数及びその割合 | |
| | | | | | (m)<br>(m)／(b) | 個<br>% |

3 贈与者が第一種特例経営承継受贈者へ第一種特例認定贈与株式を法第12条第1項の認定に係る贈与をする前に、当該認定贈与株式を法第12条第1項の認定に係る受贈をしている場合に記載すべき事項について

| 本申請に係る株式等の贈与が該当する贈与の類型 | ☐該当無し<br>☐第一種特別贈与認定株式再贈与<br>☐第一種特例贈与認定株式再贈与<br>☐第二種特別贈与認定株式再贈与<br>☐第二種特例贈与認定株式再贈与 | | | |
|---|---|---|---|---|
| | 氏名 | 認定日 | 左記認定番号 | 左記認定を受けた株式数 |
| 第一種特例贈与認定中小企業者の認定贈与株式を法第12条第1項の認定に係る受贈をした者に、贈与をした者（当該贈与をした者が複数ある場合には、贈与した順にすべてを記載する。） | | | | |

（備考）
① 用紙の大きさは、日本工業規格Ａ４とする。
② 記名押印については、署名をする場合、押印を省略することができる。
③ 申請書の写し（別紙１及び別紙２を含む）及び施行規則第７条第６項の規定により読み替えられた同条第２項各号に掲げる書類を添付する。
④ 「施行規則第17条第１項第１号の確認（施行規則第18条第１項又は第２項の変更の確認をした場合には変更後の確認）に係る確認事項」については、当該確認を受けていない場合には、本申請と併せて施行規則第17条第２項各号に掲げる書類を添付する。また、施行規則第18条第１項又は第２項に定める変更をし、当該変更後の確認を受けていない場合には、本申請と併せて同条第５項の規定により読み替えられた前条第２項に掲げる書類を添付する。
⑤ 施行規則第６条第２項の規定により申請者が資産保有型会社又は資産運用型会社に該当しないものとみなされた場合には、その旨を証する書類を添付する。
⑥ 第一種特例贈与認定申請基準事業年度終了の日において申請者に特別子会社がある場合にあっては特別子会社に該当する旨を証する書類、当該特別子会社が資産保有型子会社又は資産運用型子会社に該当しないとき（施行規則第６条第２項の規定によりそれぞれに該当しないものとみなされた場合を含む。）には、その旨を証する書類を添付する。

（記載要領）
① 単位が「％」の欄は小数点第１位までの値を記載する。
② 「贈与者から贈与により取得した数」については、贈与の時以後のいずれかの時において申請者が合併により消滅した場合にあっては当該合併に際して交付された吸収合併存続会社等の株式等（会社法第234条第１項の規定により競売しなければならない株式を除く。）に係る議決権の数、贈与の時以後のいずれかの時において申請者が株式交換等により他の会社の株式交換完全子会社等となった場合にあっては当該株式交換等に際して交付された株式交換完全親会社等の株式等（会社法第234条第１項の規定により競売しなければならない株式を除く。）に係る議決権の数とする。
③ 「認定申請基準事業年度における特定資産等に係る明細表」について

は、第一種特例贈与認定申請基準事業年度に該当する事業年度が複数ある場合には、その事業年度ごとに同様の表を記載する。「特定資産」又は「運用収入」については、該当するものが複数ある場合には同様の欄を追加して記載する。(施行規則第6条第2項の規定によりそれぞれに該当しないものとみなされた場合には空欄とする。)

④「損金不算入となる給与」については、法人税法第34条及び第36条の規定により申請者の各事業年度の所得の金額の計算上損金の額に算入されないこととなる給与(債務の免除による利益その他の経済的な利益を含む。)の額を記載する。(施行規則第6条第2項の規定によりそれぞれに該当しないものとみなされた場合には空欄とする。)

⑤「(※3)を発行している場合にはその保有者」については、申請者が会社法第108条第1項第8号に掲げる事項について定めがある種類の株式を発行している場合に記載し、該当する者が複数ある場合には同様の欄を追加して記載する。

⑥「総収入金額(営業外収入及び特別利益を除く。)」については、会社計算規則(平成18年法務省令第13号)第88条第1項第4号に掲げる営業外収益及び同項第6号に掲げる特別利益を除いて記載する。

⑦「同族関係者」については、該当する者が複数ある場合には同様の欄を追加して記載する。

⑧「(※1)の3分の2」については、1株未満又は1円未満の端数がある場合にあっては、その端数を切り上げた数又は金額を記載する。

⑨「特別子会社」については、贈与の時以後において申請者に特別子会社がある場合に記載する。特別子会社が複数ある場合には、それぞれにつき記載する。「株主又は社員」が複数ある場合には、同様の欄を追加して記載する。

(別紙1)

# 認定中小企業者の特定資産等について

| 主たる事業内容 | |
|---|---|
| 資本金の額又は出資の総額 | |

認定申請基準事業年度における特定資産等に係る明細表

| 種別 | | 内容 | 利用状況 | 帳簿価額 | 運用収入 |
|---|---|---|---|---|---|
| 有価証券 | 特別子会社の株式又は持分((※2)を除く。) | | | (1) 円 | (12) 円 |
| | 資産保有型子会社又は資産運用型子会社に該当する特別子会社の株式又は持分(※2) | | | (2) 円 | (13) 円 |
| | 特別子会社の株式又は持分以外のもの | | | (3) 円 | (14) 円 |
| 不動産 | 現に自ら使用しているもの | | | (4) 円 | (15) 円 |
| | 現に自ら使用していないもの | | | (5) 円 | (16) 円 |
| ゴルフ場その他の施設の利用に関する権利 | 事業の用に供することを目的として有するもの | | | (6) 円 | (17) 円 |
| | 事業の用に供することを目的としないで有するもの | | | (7) 円 | (18) 円 |
| 絵画、彫刻、工芸品その他の有形の文化的所産である動産、貴金属及び宝石 | 事業の用に供することを目的として有するもの | | | (8) 円 | (19) 円 |
| | 事業の用に供することを目的としないで有するもの | | | (9) 円 | (20) 円 |
| 現金、預貯金等 | 現金及び預貯金その他これらに類する資産 | | | (10) 円 | (21) 円 |
| | 経営承継受贈者及び当該経営承継受贈者に係る同族関係者等(施行規則第1条第12項第2号ホに掲げる者をいう。)に対する貸付金及び未収金その他これらに類する資産 | | | (11) 円 | (22) 円 |

〈13〉認定申請書（贈与／第一種／様式第7の3）及び添付書類

| 特定資産の帳簿価額の合計額 | (23)<br>= (2) + (3) + (5) + (7)<br>+ (9) + (10) + (11)<br>円 | 特定資産の運用収入の合計額 | (25)<br>= (13) + (14) + (16) + (18)<br>+ (20) + (21) + (22)<br>円 |
|---|---|---|---|
| 資産の帳簿価額の総額 | (24)<br>円 | 総収入金額 | (26)<br>円 |
| 認定申請基準事業年度終了の日以前の5年間（贈与の日前の期間を除く。）に経営承継受贈者及び当該経営承継受贈者に係る同族関係者に対して支払われた剰余金の配当等及び損金不算入となる給与の金額 | | 剰余金の配当等 | (27)<br>円 |
| | | 損金不算入となる給与 | (28)<br>円 |
| 特定資産の帳簿価額等の合計額が資産の帳簿価額等の総額に対する割合 | (29)<br>= ((23) + (27) + (28))<br>／((24) + (27) + (28))<br>％ | 特定資産の運用収入の合計額が総収入金額に占める割合 | (30) = (25)／(26)<br>％ |
| 会社法第108条第1項第8号に掲げる事項について定めがある種類の株式（※3）の発行の有無 | | 有☐　無☐ | |
| （※3）を発行している場合にはその保有者 | 氏名（会社名） | 住所（会社所在地） | |
| 総収入金額（営業外収益及び特別利益を除く。） | | | 円 |

(別紙2)

# 認定中小企業者の常時使用する従業員の数及び特別子会社について

## 1 認定中小企業者が常時使用する従業員の数について

| 常時使用する従業員の数 | | 贈与の時<br>(a) + (b) + (c) − (d)　　　　人 |
|---|---|---|
| | 厚生年金保険の被保険者の数 | (a)　　　　人 |
| | 厚生年金保険の被保険者ではなく<br>健康保険の被保険者である従業員の数 | (b)　　　　人 |
| | 厚生年金保険・健康保険の<br>いずれの被保険者でもない従業員の数 | (c)　　　　人 |
| | 役員（使用人兼務役員を除く。）の数 | (d)　　　　人 |

## 2 贈与の時以後における認定中小企業者の特別子会社について

| 区分 | | | 特定特別子会社に　該当／非該当 | |
|---|---|---|---|---|
| 会社名 | | | | |
| 会社所在地 | | | | |
| 主たる事業内容 | | | | |
| 資本金の額又は出資の総額 | | | | 円 |
| 総株主等議決権数 | | | (a) | 個 |
| 株主又は社員 | 氏名（会社名） | 住所（会社所在地） | 保有議決権数及びその割合 | |
| | | | (b)<br>(b) ／ (a) | 個<br>％ |

様式第8の3

# 第一種特例相続認定中小企業者に係る認定申請書

年　月　日

都道府県知事　殿

郵便番号
会社所在地
会社名
電話番号
代表者の氏名　　　　　　　　　印

　中小企業における経営の承継の円滑化に関する法律第12条第1項の認定（同法施行規則第6条第1項第12号の事由に係るものに限る。）を受けたいので、下記のとおり申請します。

記

1　特例承継計画の確認について

| 施行規則第17条第1項第1号の確認（施行規則第18条第1項又は第2項の変更の確認をした場合には変更後の確認）に係る確認事項 | 確認の有無 | | ☐有<br>☐無（本申請と併せて提出） |
|---|---|---|---|
| | 「有」の場合 | 確認の年月日及び番号 | 年　月　日（　　　号） |
| | | 特例代表者の氏名 | |
| | | 特例後継者の氏名 | |

2　被相続人及び第一種特例経営承継相続人について

| 相続の開始の日 | 年　月　日 |
|---|---|
| 第一種特例相続認定申請基準日 | 年　月　日 |
| 相続税申告期限 | 年　月　日 |
| 第一種特例相続認定申請基準事業年度 | 年　月　日から　年　月　日まで |

| 総株主等議決権数 | 相続の開始の直前 | | | (a) | 個 |
|---|---|---|---|---|---|
| | 相続の開始の時 | | | (b) | 個 |
| 被相続人 | 氏名 | | | | |
| | 最後の住所 | | | | |
| | 相続の開始の日の年齢 | | | | |
| | 相続の開始の時における過去の法第12条第1項の認定（施行規則第6条第1項第11号又は第13号の事由に係るものに限る。）に係る贈与の有無 | | | □有　□無 | |
| | 代表者であった時期 | | | 　年　月　日から　年　月　日 | |
| | 代表者であって、同族関係者と合わせて申請者の総株主等議決権数の100分の50を超える数を有し、かつ、いずれの同族関係者（第一種特例経営承継相続人となる者を除く。）が有する議決権数をも下回っていなかった時期(*) | | | 　年　月　日から　年　月　日 | |
| | (*)の時期における総株主等議決権数 | | | (c) | 個 |
| | (*)の時期における同族関係者との保有議決権数 | | | (d)+(e)<br>((d)+(e))／(c) | 個<br>％ |
| | | (※)の時期における保有議決権数及びその割合 | | (d)<br>(d)／(c) | 個<br>％ |
| | | (※)の時期における同族関係者 | 氏名（会社名） | 住所（会社所在地） | 保有議決権数及びその割合 |
| | | | | | (e)　　　　　　　　個<br>(e)／(c)　　　　　％ |
| | 相続の開始の直前における同族関係者との保有議決権数の合計及びその割合 | | | (f)+(g)<br>((f)+(g))／(a) | 個<br>％ |
| | | 相続の開始の直前における保有議決権数及びその割合 | | (f)<br>(f)／(a) | 個<br>％ |
| | | 相続の開始の直前における同族関係者 | 氏名（会社名） | 住所（会社所在地） | 保有議決権数及びその割合 |
| | | | | | (g)　　　　　　　　個<br>(g)／(a)　　　　　％ |

| | 氏名 | | |
|---|---|---|---|
| 第一種特例経営承継受贈者 | 住所 | | |
| | 相続の開始の直前における被相続人との関係 | □直系卑属<br>□直系卑属以外の親族<br>□親族外 | |
| | 相続の開始の日の翌日から5月を経過する日における代表者への就任の有無 | □有　□無 | |
| | 相続の開始の直前における役員への就任の有無 | □有　□無 | |
| | 相続の開始の時における過去の法第12条第1項の認定(施行規則第6条第1項第7号又は第9号の事由に係るものに限る。)に係る受贈の有無 | □有　□無 | |
| | 相続の開始の時における同族関係者との保有議決権数の合計及びその割合 | (h)+(i)+(j)　　　　　個<br>((h)+(i)+(j))／(b)　　％ | |
| | 保有議決権数及びその割合 | 相続の開始の直前 | (h)　　　　　個<br>(h)／(a)　　％ | 被相続人から相続又は遺贈により取得した数(※1) | (i)　　　　　個 |
| | | 相続の開始の時 | (h)+(i)　　　　個<br>((h)+(i))／(b)　　％ | | |
| | | (※1)のうち租税特別措置法第70条の7の6第1項の適用を受けようとする株式等に係る数(※2) | | 個 | |
| | | (※2)のうち第一種特例相続認定申請基準日までに譲渡した数 | | 個 | |
| | 相続の開始の時における同族関係者 | 氏名<br>(会社名) | 住所<br>(会社所在地) | 保有議決権数及びその割合 | |
| | | | | (j)　　　　　個<br>(j)／(b)　　％ | |

（備考）
① 用紙の大きさは、日本工業規格Ａ４とする。
② 記名押印については、署名をする場合、押印を省略することができる。
③ 申請書の写し（別紙１及び別紙２を含む）及び施行規則第７条第７項の規定により読み替えられた第７条第３項各号に掲げる書類を添付する。
④ 「施行規則第17条第１項第１号の確認（施行規則第18条第１項又は第２項の変更の確認をした場合には変更後の確認）に係る確認事項」については、当該確認を受けていない場合には、施行規則第17条第２項各号に掲げる書類を添付する。また、施行規則第18条第１項又は第２項に定める変更をし、当該変更後の確認を受けていない場合には、同条第５項の規定により読み替えられた前条第２項に掲げる書類を添付する。
⑤ 施行規則第６条第２項の規定により申請者が資産保有型会社又は資産運用型会社に該当しないものとみなされた場合には、その旨を証する書類を添付する。
⑥ 第一種特例相続認定申請基準事業年度終了の日において申請者に特別子会社がある場合にあっては特別子会社に該当する旨を証する書類、当該特別子会社が資産保有型子会社又は資産運用型子会社に該当しないとき（施行規則第６条第２項の規定によりそれぞれに該当しないものとみなされた場合を含む。）には、その旨を証する書類を添付する。

（記載要領）
① 単位が「％」の欄は小数点第１位までの値を記載する。
② 「被相続人から相続又は遺贈により取得した数」については、相続の開始の時以後のいずれかの時において申請者が合併により消滅した場合にあっては当該合併に際して交付された吸収合併存続会社等の株式等（会社法第234条第１項の規定により競売しなければならない株式を除く。）に係る議決権の数、相続の開始の時以後のいずれかの時において申請者が株式交換等により他の会社の株式交換完全子会社等となった場合にあっては当該株式交換等に際して交付された株式交換完全親会社等の株式等（会社法第234条第１項の規定により競売しなければならない株式を除く。）に係る議決権の数とする。

③「認定申請基準事業年度における特定資産等に係る明細表」については、第一種特例相続認定申請基準事業年度に該当する事業年度が複数ある場合には、その事業年度ごとに同様の表を記載する。「特定資産」又は「運用収入」については、該当するものが複数ある場合には同様の欄を追加して記載する。（施行規則第6条第2項の規定によりそれぞれに該当しないものとみなされた場合には空欄とする。）

④「損金不算入となる給与」については、法人税法第34条及び第36条の規定により申請者の各事業年度の所得の金額の計算上損金の額に算入されないこととなる給与（債務の免除による利益その他の経済的な利益を含む。）の額を記載する。（施行規則第6条第2項の規定によりそれぞれに該当しないものとみなされた場合には空欄とする。）

⑤「（※3）を発行している場合にはその保有者」については、申請者が会社法第108条第1項第8号に掲げる事項について定めがある種類の株式を発行している場合に記載し、該当する者が複数ある場合には同様の欄を追加して記載する。

⑥「総収入金額（営業外収入及び特別利益を除く。）」については、会社計算規則（平成18年法務省令第13号）第88条第1項第4号に掲げる営業外収益及び同項第6号に掲げる特別利益を除いて記載する。

⑦「同族関係者」については、該当する者が複数ある場合には同様の欄を追加して記載する。

⑧「特別子会社」については、相続の開始の時以後において申請者に特別子会社がある場合に記載する。特別子会社が複数ある場合には、それぞれにつき記載する。「株主又は社員」が複数ある場合には、同様の欄を追加して記載する。

⑨申請者が施行規則第6条第9項の規定により読み替えられた第6条第3項に該当する場合には、「相続の開始」を「贈与」と読み替えて記載する。ただし、「相続の開始の日の翌日から5月を経過する日における代表者への就任」は「贈与の時における代表者への就任」と、「相続の開始の直前における役員への就任」は「贈与の日前3年以上にわたる役員への就任」と読み替えて記載する。

(別紙1)

# 認定中小企業者の特定資産等について

| 主たる事業内容 | |
|---|---|
| 資本金の額又は出資の総額 | 円 |

認定申請基準事業年度における特定資産等に係る明細表

| 種別 | | 内容 | 利用状況 | 帳簿価額 | 運用収入 |
|---|---|---|---|---|---|
| 有価証券 | | 特別子会社の株式又は持分((※2)を除く。) | | (1) 円 | (12) 円 |
| | | 資産保有型子会社又は資産運用型子会社に該当する特別子会社の株式又は持分(※2) | | (2) 円 | (13) 円 |
| | | 特別子会社の株式又は持分以外のもの | | (3) 円 | (14) 円 |
| 不動産 | | 現に自ら使用しているもの | | (4) 円 | (15) 円 |
| | | 現に自ら使用していないもの | | (5) 円 | (16) 円 |
| ゴルフ場その他の施設の利用に関する権利 | | 事業の用に供することを目的として有するもの | | (6) 円 | (17) 円 |
| | | 事業の用に供することを目的としないで有するもの | | (7) 円 | (18) 円 |
| 絵画、彫刻、工芸品その他の有形の文化的所産である動産、貴金属及び宝石 | | 事業の用に供することを目的として有するもの | | (8) 円 | (19) 円 |
| | | 事業の用に供することを目的としないで有するもの | | (9) 円 | (20) 円 |
| 現金、預貯金等 | | 現金及び預貯金その他これらに類する資産 | | (10) 円 | (21) 円 |
| | | 経営承継相続人及び当該経営承継相続人に係る同族関係者等(施行規則第1条第12項第2号ホに掲げる者をいう。)に対する貸付金及び未収金その他これらに類する資産 | | (11) 円 | (22) 円 |

| | | | |
|---|---|---|---|
| 特定資産の帳簿価額の合計額 | (23)<br>= (2) + (3) + (5) + (7)<br>+ (9) + (10) + (11)<br>円 | 特定資産の運用収入の合計額 | (25)<br>= (13) + (14) + (16) + (18)<br>+ (20) + (21) + (22)<br>円 |
| 資産の帳簿価額の総額 | (24)<br>円 | 総収入金額 | (26)<br>円 |
| 認定申請基準事業年度終了の日以前の5年間（相続の開始の日前の期間を除く。）に経営承継相続人及び当該経営承継相続人に係る同族関係者に対して支払われた剰余金の配当等及び損金不算入となる給与の金額 | | 剰余金の配当等 | (27)<br>円 |
| | | 損金不算入となる給与 | (28)<br>円 |
| 特定資産の帳簿価額等の合計額が資産の帳簿価額等の総額に対する割合 | (29)<br>= ((23) + (27) + (28))<br>／((24) + (27) + (28))<br>% | 特定資産の運用収入の合計額が総収入金額に占める割合 | (30) = (25)／(26)<br>% |
| 会社法第108条第1項第8号に掲げる事項について定めがある種類の株式（※3）の発行の有無 | | 有□　無□ | |
| （※3）を発行している場合にはその保有者 | 氏名（会社名） | 住所（会社所在地） | |
| | | | |
| 総収入金額（営業外収益及び特別利益を除く。） | | | 円 |

(別紙2)

# 認定中小企業者が常時使用する従業員の数及び特別子会社について

## 1 相続認定中小企業者が常時使用する従業員の数について

| 常時使用する従業員の数 | 相続の時<br>(a) + (b) + (c) − (d)　　　　人 |
|---|---|
| 　厚生年金保険の被保険者の数 | (a)　　　　人 |
| 　厚生年金保険の被保険者ではなく<br>　健康保険の被保険者である従業員の数 | (b)　　　　人 |
| 　厚生年金保険・健康保険の<br>　いずれの被保険者でもない従業員の数 | (c)　　　　人 |
| 　役員（使用人兼務役員を除く。）の数 | (d)　　　　人 |

## 2 相続の開始の時以後における特別子会社について

| 区分 | 特定特別子会社に　該当／非該当 | | |
|---|---|---|---|
| 会社名 | | | |
| 会社所在地 | | | |
| 主たる事業内容 | | | |
| 資本金の額又は出資の総額 | | | 円 |
| 総株主等議決権数 | (a) | | 個 |
| 株主又は社員 | 氏名（会社名） | 住所（会社所在地） | 保有議決権数及びその割合 |
| | | | (b)　　　　個<br>(b) ／ (a)　　　　% |

〈14〉認定申請書（相続／第一種／様式第8の3）及び添付書類

様式第11

# 年次報告書

　　　　　　　　　　　　　　　　　　　　　　　　　年　　月　　日

都道府県知事　殿

　　　　　　　　　　　　　　　　郵便番号
　　　　　　　　　　　　　　　　会社所在地
　　　　　　　　　　　　　　　　会社名
　　　　　　　　　　　　　　　　電話番号
　　　　　　　　　　　　　　　　代表者の氏名　　　　　　　　　印

　中小企業における経営の承継の円滑化に関する法律施行規則第12条第1項又は第3項の規定（当該規定が準用される場合を含む。）により、下記の種別に該当する報告者として別紙の事項を報告します。

記

## 報告者の種別と申請基準日等について

| 報告者の種別 | □第一種特別贈与認定中小企業者<br>□第二種特別贈与認定中小企業者<br>□第一種特別相続認定中小企業者<br>□第二種特別相続認定中小企業者<br>□第一種特例贈与認定中小企業者<br>□第二種特例贈与認定中小企業者<br>□第一種特例相続認定中小企業者<br>□第二種特例相続認定中小企業者 | |
|---|---|---|
| 報告者に係る認定の認定年月日等 | 認定年月日及び番号 | 　　年　　月　　日（　　　号） |
| | 認定申請基準日 | 　　年　　月　　日 |
| | 報告基準日 | 　　年　　月　　日 |
| | 報告基準期間 | 　　年　　月　　日から　　年　　月　　日 |
| | 報告基準事業年度 | 　　年　　月　　日から　　年　　月　　日 |

（備考）
① 用紙の大きさは、日本工業規格Ａ４とする。
② 記名押印については、署名をする場合、押印を省略することができる。
③ 本様式における第一種特別贈与（相続）認定中小企業者に係る規定は、第二種特別贈与（相続）認定中小企業者、第一種特例贈与（相続）認定中小企業者又は第二種特例贈与（相続）認定中小企業者について準用する。なお、本様式において「認定中小企業者」、「経営承継受贈者（経営承継相続人）」、「認定贈与株式」、「贈与認定申請基準日（相続認定申請基準日）」「贈与報告基準日（相続報告基準日）」、「贈与報告基準期間（相続報告基準期間）」又は「贈与報告基準事業年度（相続報告基準事業年度）」とある場合は、報告者の種別に合わせて対応する語句に読み替えるものとする。
④ 報告書の写し（別紙1及び別紙2を含む）及び施行規則第12条第2項（第4項）各号に掲げる書類を添付する。
⑤ 報告者が資産保有型会社又は資産運用型会社に該当する場合において、施行規則第6条第2項第1号及び第2号に該当する場合であって、同項第3号イからハまでに掲げるいずれかの業務をしているときには、その旨を証する書類を添付する。
⑥ 贈与報告基準事業年度（相続報告基準事業年度）終了の日において報告者に特別子会社がある場合にあっては特別子会社に該当する旨を証する書類、当該特別子会社が資産保有型子会社又は資産運用型子会社に該当しないとき（施行規則第6条第2項第1号及び第2号に該当する場合であって、同項第3号イからハまでに掲げるいずれかの業務をしているときを含む。）には、その旨を証する書類を添付する。
⑦ 報告者の経営承継受贈者（経営承継相続人）が当該報告者の代表者でない場合（その代表権を制限されている場合を含む。）又は経営承継贈与者が当該報告者の代表者若しくは役員（代表者を除き、当該報告者から給与（債務の免除による利益その他の経済的な利益を含む。）の支給を受けた役員に限る。）となった場合であって、当該経営承継受贈者（経営承継相続人）が施行規則第9条第10項各号のいずれかに該当するに至っていたときには、その旨を証する書類を添付する。

(記載要領)
① 単位が「％」の欄は小数点第1位までの値を記載する。
② 報告者が株式交換等により認定中小企業者たる地位を承継した株式交換完全親会社等である場合にあっては、贈与報告基準日（相続報告基準日）における常時使用する従業員の数」については、認定中小企業者の常時使用する従業員の数に株式交換完全子会社等（承継前に認定中小企業者だったものに限る。）の常時使用する従業員の数を加算した数を記載する。
③「各贈与報告基準日（相続報告基準日）における常時使用する従業員の数及び常時使用する従業員の数の5年平均人数」については、過去の年次報告分も含めて各贈与報告基準日（相続報告基準日）における常時使用する従業員の数を記載し、5回目の年次報告時には、常時使用する従業員数の5年平均人数（その数に一人未満の端数があるときは、その端数を切り捨てた数）も記載する。
④「贈与報告基準期間（相続報告基準期間）における代表者の氏名」については、贈与報告基準期間（相続報告基準期間）内に代表者の就任又は退任があった場合には、すべての代表者の氏名をその就任又は退任のあった期間ごとに記載する。
⑤「贈与報告基準事業年度（相続報告基準事業年度）（　年　月　日から　年　月　日まで）における特定資産等に係る明細表」については、贈与報告基準事業年度（相続報告基準事業年度）に該当する事業年度が複数ある場合には、その事業年度ごとに同様の表を記載する。「特定資産」又は「運用収入」については、該当するものが複数ある場合には同様の欄を追加して記載する。（施行規則第6条第2項の規定によりそれぞれに該当しないものとみなされた場合には空欄とする。）
⑥「損金不算入となる給与」については、法人税法第34条及び第36条の規定により報告者の各事業年度の所得の金額の計算上損金の額に算入されないこととなる給与（債務の免除による利益その他の経済的な利益を含む。）の額を記載する。（施行規則第6条第2項の規定によりそれぞれに該当しないものとみなされた場合には空欄とする。）
⑦「（※3）を発行している場合にはその保有者」については、申請者が会社法第108条第1項第8号に掲げる事項について定めがある種類の株式を発行している場合に記載し、該当する者が複数ある場合には同

様の欄を追加して記載する。
⑧ 「総収入金額(営業外収益及び特別利益を除く。)」については、会社計算規則(平成18年法務省令第13号)第88条第1項第4号に掲げる営業外収益及び同項第6号に掲げる特別利益を除いて記載する。
⑨ 「同族関係者」については、該当する者が複数ある場合には同様の欄を追加して記載する。
⑩ 「特別子会社」については、贈与報告基準期間(相続報告基準期間)中において報告者に特別子会社がある場合に記載する。なお、特別子会社が複数ある場合には、それぞれにつき記載する。「株主又は社員」が複数ある場合には、同様の欄を追加して記載する。

（別紙１）

# 第　　種　　　　　認定中小企業者に係る報告事項①

（認定年月日：　　年　月　日、認定番号：　　　　）

## 1　経営承継受贈者（経営承継相続人）について

| 贈与報告基準日（相続報告基準日）における総株主等議決権数 | (a)　　　　　　個 |
|---|---|
| 氏名 | |
| 住所 | |
| 贈与報告基準日（相続報告基準日）における同族関係者との保有議決権数の合計及びその割合 | (b)+(c)　　　　個<br>((b)+(c))／(a)　％ |
| 贈与報告基準日（相続報告基準日）における保有議決権数及びその割合 | (b)　　　　　　個<br>(b)／(a)　　　　％ |
| 適用を受ける租税特別措置法の規定及び当該規定の適用を受ける株式等に係る議決権数（※１）<br>（本認定番号の認定に係る株式等に係る議決権のみを記載。）<br>□第70条の7　　　□第70条の7の2<br>□第70条の7の4　□第70条の7の5<br>□第70条の7の6　□第70条の7の8 | 個 |
| （※１）のうち贈与報告基準日（相続報告基準日）までに譲渡した数 | 個 |

| 贈与報告基準日（相続報告基準日）における同族関係者 | 氏名<br>（会社名） | 住所<br>（会社所在地） | 保有議決権数及びその割合 |
|---|---|---|---|
| | | | (c)　　　　　　個<br>(c)／(a)　　　　％ |

## 2　贈与者が経営承継受贈者へ認定贈与株式を法第12条第1項の認定に係る贈与をする前に、当該認定贈与株式を法第12条第1項の認定に係る受贈をしている場合に記載すべき事項について

| 本申請に係る株式等の贈与が該当する贈与の類型 | □該当無し<br>□第一種特別贈与認定株式再贈与<br>□第一種特例贈与認定株式再贈与<br>□第二種特別贈与認定株式再贈与<br>□第二種特例贈与認定株式再贈与 | | | |
|---|---|---|---|---|
| | 氏名 | 認定日 | 左記<br>認定番号 | 左記認定を受けた株式数 |
| 認定中小企業者の認定贈与株式を法第12条第1項の認定に係る受贈をした者に、贈与をした者。（当該贈与をした者が複数ある場合には、贈与した順にすべてを記載する。） | | | | |

第5章

## 3 認定中小企業者について

| | | |
|---|---|---|
| 主たる事業内容 | | |
| 贈与認定申請基準日(相続認定申請基準日)(合併効力発生日等)(株式交換効力発生日等)における資本金の額又は出資の総額 | | 円 |
| 贈与報告基準日(相続報告基準日)における資本金の額又は出資の総額 | | 円 |
| | 贈与認定申請基準日(相続認定申請基準日)(合併効力発生日等)(株式交換効力発生日等)と比して減少した場合にはその理由 | |
| 贈与認定申請基準日(相続認定申請基準日)(合併効力発生日等)(株式交換効力発生日等)における準備金の額 | | 円 |
| 贈与報告基準日(相続報告基準日)における準備金の額 | | 円 |
| | 贈与認定申請基準日(相続認定申請基準日)(合併効力発生日等)(株式交換効力発生日等)と比して減少した場合にはその理由 | |
| 贈与報告基準日(相続報告基準日)における常時使用する従業員の数 | (a)+(b)+(c)-(d) | 人 |
| | 厚生年金保険の被保険者の数 | (a) | 人 |
| | 厚生年金保険の被保険者ではなく健康保険の被保険者である者の数 | (b) | 人 |
| | 厚生年金保険・健康保険のいずれの被保険者でもない従業員の数 | (c) | 人 |
| | 役員(使用人兼務役員を除く。)の数 | (d) | 人 |
| 各贈与報告基準日(相続報告基準日)における常時使用する従業員の数及び常時使用する従業員の数の5年平均人数 | 1回目(　年　月　日) | (イ) | 人 |
| | 2回目(　年　月　日) | (ロ) | 人 |
| | 3回目(　年　月　日) | (ハ) | 人 |
| | 4回目(　年　月　日) | (ニ) | 人 |
| | 5回目(　年　月　日) | (ホ) | 人 |
| | 5年平均人数 | ((イ)+(ロ)+(ハ)+(ニ)+(ホ))／5 人 |
| 贈与報告基準期間(相続報告基準期間)における代表者の氏名 | 年　月　日から<br>年　月　日まで | |
| | 年　月　日から<br>年　月　日まで | |
| | 年　月　日から<br>年　月　日まで | |

4 贈与報告基準期間(相続報告基準期間)中における特別子会社について

| 区分 | 特定特別子会社に 該当／非該当 | | |
|---|---|---|---|
| 会社名 | | | |
| 会社所在地 | | | |
| 主たる事業内容 | | | |
| 総株主等議決権数 | (a) | | 個 |

| 株主又は社員 | 氏名(会社名) | 住所(会社所在地) | 保有議決権数及びその割合 |
|---|---|---|---|
| | | | (b) 個<br>(b)／(a) ％ |

(別紙2)

# 第　　種　　　　認定中小企業者に係る報告事項②

(認定年月日：　年　月　日、認定番号：　　　　)

## 1　認定中小企業者における特定資産等について

| 贈与報告基準事業年度(相続報告基準事業年度)(　年　月　日から　年　月　日まで)における特定資産等に係る明細表 ||||||
|---|---|---|---|---|---|
| 種別 || 内容 | 利用状況 | 帳簿価額 | 運用収入 |
| 有価証券 | 特別子会社の株式又は持分((※2)を除く。) | | | (1)　　　　円 | (12)　　　　円 |
| | 資産保有型子会社又は資産運用型子会社に該当する特別子会社の株式又は持分(※2) | | | (2)　　　　円 | (13)　　　　円 |
| | 特別子会社の株式又は持分以外のもの | | | (3)　　　　円 | (14)　　　　円 |
| 不動産 | 現に自ら使用しているもの | | | (4)　　　　円 | (15)　　　　円 |
| | 現に自ら使用していないもの | | | (5)　　　　円 | (16)　　　　円 |
| ゴルフ場その他の施設の利用に関する権利 | 事業の用に供することを目的として有するもの | | | (6)　　　　円 | (17)　　　　円 |
| | 事業の用に供することを目的としないで有するもの | | | (7)　　　　円 | (18)　　　　円 |
| 絵画、彫刻、工芸品その他の有形の文化的所産である動産、貴金属及び宝石 | 事業の用に供することを目的として有するもの | | | (8)　　　　円 | (19)　　　　円 |
| | 事業の用に供することを目的としないで有するもの | | | (9)　　　　円 | (20)　　　　円 |

| | | | | | |
|---|---|---|---|---|---|
| 現金、預貯金等 | 現金及び預貯金その他これらに類する資産 | | | (10) 円 | (21) 円 |
| | 経営承継受贈者（経営承継相続人）及び当該経営承継受贈者（経営承継相続人）に係る同族関係者等（施行規則第1条第13項第2号ホに掲げる者をいう。）に対する貸付金及び未収金その他これらに類する資産 | | | (11) 円 | (22) 円 |
| 特定資産の帳簿価額の合計額 | (23) = (2) + (3) + (5) + (7) + (9) + (10) + (11) 円 | | 特定資産の運用収入の合計額 | (25) = (13) + (14) + (16) + (18) + (20) + (21) + (22) 円 | |
| 資産の帳簿価額の総額 | (24) 円 | | 総収入金額 | (26) 円 | |
| 贈与報告基準事業年度（相続報告基準事業年度）終了の日以前の5年間（贈与（相続の開始）の日前の期間を除く。）に経営承継受贈者（経営承継相続人）及び当該経営承継受贈者（経営承継相続人）に係る同族関係者に対して支払われた剰余金の配当等及び損金不算入となる給与の金額 | 剰余金の配当等 | | | (27) 円 | |
| | 損金不算入となる給与 | | | (28) 円 | |
| 特定資産の帳簿価額等の合計額が資産の帳簿価額等の総額に対する割合 | (29) = ((23) + (27) + (28)) ／ ((24) + (27) + (28)) ％ | | 特定資産の帳簿価額等の合計額が資産の帳簿価額等の総額に対する割合 | (30) = (25) ／ (26) ％ | |
| 会社法第108条第1項第8号に掲げる事項について定めがある種類の株式（※3）の発行の有無 | 有□ 無□ | | | | |
| （※3）を発行している場合にはその保有者 | 氏名（会社名） | | 住所（会社所在地） | | |
| 総収入金額（営業外収益及び特別利益を除く。） | | | | 円 | |

## 参考文献

- 『税理士がみつけた!本当は怖い事業承継の失敗事例50』、徳田孝司（監修）、木村信夫・楮原達也（編著）、東峰書房、2016年6月
- 『大幅拡充された事業承継税制の特例のポイント』、松岡章夫・山岡美樹（共編）、大蔵財務協会、2018年3月
- 『相続税・贈与税 事業承継に役立つ非上場株式等に係る納税猶予の実務』、松本好正（著）、大蔵財務協会、2018年3月
- 『事業承継の安心手引 平成30年度版』、辻・本郷 税理士法人（著）、㈱アール・シップ、2018年5月
- 「新事業承継税制 10年経過後の相続への切替えも100％猶予に」『週刊 税務通信 No.3507（5月21日号）』、財務研究会、2018年5月
- 「申請に際し必要な手続・スケジューリング」『税経通信（2018年6月号）』、税務経理協会、2018年5月
- 『平成30年度版事業承継税制のポイント』、辻・本郷 税理士法人（著）、㈱税経、2018年
- 『特例事業承継税制徹底活用マニュアル』、今仲清（著）、㈱ぎょうせい、2018年7月


[ウェブサイト]

- 経済産業省「経済産業関係 平成30年度税制改正について」
- 中小企業庁「特例承継計画に関する指導及び助言を行う機関における事務について」
- 中小企業庁「認定経営革新等支援機関による支援のご案内」
- 国土交通省「経営事項審査の審査基準の改正について（平成30年4月1日施行）」
- 中小企業庁「中小企業等経営強化法に基づく 税制措置・金融支援 活用の手引き（平成30年6月1日版）」
- 中小企業庁「中小企業経営承継円滑法の申請様式一覧（事業承継税制の特例措置の前提となる認定）」
- 国税庁「医療法人の持分についての相続税の納税猶予の特例」
- 厚生労働省「「持分なし医療法人」への移行促進策延長・拡充のご案内」

## 辻・本郷 税理士法人

平成14年4月設立。東京新宿に本部を置き、日本国内に60以上の拠点、海外に8拠点の国内最大規模を誇る税理士法人。

医療、税務コンサルティング、相続、事業承継、M&A、企業再生、公益法人、移転価格、国際税務など各税務分野別に専門特化したプロ集団として、弁護士、不動産鑑定士、司法書士との連携により、顧客の立場にたったワンストップサービスとあらゆるニーズに応える総合力をもって業務展開している。

〒160-0022 東京都新宿区新宿4丁目1番6号 JR新宿ミライナタワー28階
電話 03-5323-3301(代) FAX 03-5323-3302 URL http://www.ht-tax.or.jp/

### 辻・本郷 グループ

- 辻・本郷 税理士法人
- 辻・本郷 ビジネスコンサルティング株式会社
- 辻・本郷 ITコンサルティング株式会社
- Hongo Connect & Consulting株式会社
- CSアカウンティング株式会社
- 株式会社アルファステップ
- 辻・本郷 社会保険労務士法人
- 一般財団法人 辻・本郷 財産管理機構
- 株式会社クオレ・シー・キューブ
- 辻・本郷 監査法人
- THリーガルパートナーズ
- TH弁護士法人
- 本郷メディカルソリューションズ株式会社
- アルファ・アセット・コンサルティング株式会社
- 本郷プライベートトラスト株式会社

辻・本郷 税理士法人を中核とした企業グループ。

本郷孔洋会長をトップとし、関連グループスタッフ総勢1600名、顧問先12000社を超える豊富な経験と実績、プロフェッショナルとしての総合力を活かし、時代のニーズに沿った様々な分野において、最高水準のサービスを提供している。

〈監修〉
辻・本郷 税理士法人 理事長　**徳田 孝司**

　昭和53年、長崎大学経済学部卒業。
　昭和55年、監査法人朝日会計社(現あずさ監査法人)に入社。
　平成14年4月、辻・本郷 税理士法人設立、副理事長に就任し、平成28年1月より現職。
　著書に『スラスラと会社の数字が読める本』(共著、成美堂出版)、『いくぜ株式公開「IPO速解本」』(共著、エヌピー通信社)、『精選100節税相談シート集』(共著、銀行研修社)他多数。

........................................................................

〈編著〉
辻・本郷 税理士法人　副理事長　**木村 信夫**

　昭和63年、税理士登録。平成14年、辻・本郷 税理士法人入社。
　平成28年1月より副理事長として相続部門、事業承継部門を統括する。その他、専門家向けセミナー、一般顧客向けセミナーも多数行っている。明快かつ、わかりやすい実践的な講義には定評がある。
　主な著書に、『Q&Aオーナーのための自社株特例の活用策』(共著、清文社)、『Q&A新しい延納・物納実務のポイント』(共著、新日本法規出版)、『事業承継税制のニュートレンド』(編著、税務経理協会)、『相続税実践アドバイス』(共著、東峰書房)などがある。
　平成27年1月、NHKニュース、NHK「情報まるごと」に、相続税に詳しい税理士として解説コーナーに生出演した。

辻・本郷 税理士法人 専務執行理事　**楮原 達也**

　平成5年、税理士登録。平成14年、辻・本郷 税理士法人入社。平成28年1月、専務執行理事に就任。
　上場企業・中堅中小企業の法人税顧問から、事業承継・資本政策等に関するコンサルティング業務まで、幅広く行っている。また、みずほ総合研究所、三菱UFJリサーチ&コンサルティング等におけるセミナー講師も数多く務めている。
　主な著書に、『財産評価基本通達の疑問点』(共著、ぎょうせい)、『ケーススタディ法人税実務の手引』、『わかりやすい決算書の手引』(共著、新日本法規出版)などがある。

........................................................................

〈執筆協力者〉
　木村信夫　楮原達也　武藤泰豊　松浦真義　内田大輔　鈴木 淳　村崎一貴
　山口拓也　山田篤士　佐藤正太　伊東雄太　小湊高徳　布目 圭　白井 僚
　　　川邊知明　関口恒司　豊島正寛　山田清一　古澤孝祐　前沢和完
　　　　　　真境名元樹　山田 瞳　新見拓也　渡辺悠貴

## 〈4訂版〉
## 税理士が見つけた!
## 本当は怖い
## 事業承継の失敗事例55

| | |
|---|---|
| 2011年12月21日 | 初版第1刷発行 |
| 2013年12月25日 | 改訂2版第1刷発行 |
| 2016年6月1日 | 3訂版第1刷発行 |
| 2019年3月13日 | 4訂版第1刷発行 |

| | |
|---|---|
| 監修 | 徳田孝司 |
| 編著 | 木村信夫・楮原達也 |
| 発行者 | 鏡渕 敬 |
| 発行所 | 株式会社 東峰書房 |
| | 〒150-0002 東京都渋谷区渋谷3-15-2 |
| | 電話 03-3261-3136 FAX 03-6682-5979 |
| | http://tohoshobo.info/ |
| 装幀・デザイン | 小谷中一愛 |
| イラスト | 道端知美 |
| 印刷・製本 | 株式会社 シナノパブリッシングプレス |

©Hongo Tsuji Tax & Consulting 2019  ISBN978-4-88592-195-7  C0034